公文写作进阶指南

苏爱风 彭早霞 编著

东南大学出版社
SOUTHEAST UNIVERSITY PRESS
·南京·

图书在版编目(CIP)数据

公文写作进阶指南/苏爱风,彭早霞编著. —南京:
东南大学出版社,2023.9
 ISBN 978-7-5766-0869-4

Ⅰ.①公… Ⅱ.①苏… ②彭… Ⅲ.①公文-写作
Ⅳ.①H152.3

中国国家版本馆 CIP 数据核字(2023)第 177518 号

责任编辑:陈 淑　责任校对:子雪莲　封面设计:王 玥　责任印制:周荣虎

公文写作进阶指南

编 著 者	苏爱风　彭早霞
出版发行	东南大学出版社
社　　址	南京市四牌楼 2 号　　邮编　210096
网　　址	http://www.seupress.com
出 版 人	白云飞
经　　销	全国各地新华书店
印　　刷	广东虎彩云印刷有限公司
开　　本	700mm×1000mm　1/16
印　　张	10.25
字　　数	168 千字
版　　次	2023 年 9 月第 1 版
印　　次	2023 年 9 月第 1 次印刷
书　　号	ISBN 978-7-5766-0869-4
定　　价	46.00 元

本社图书若有印装质量问题,请直接与营销部联系。电话(传真):025-83791830

代序
让公文课名副其实

在院校工作期间,我有幸对公文课究竟怎么上这个问题做过一些思考,虽然不太成熟,更谈不上什么经验,但可以提供给大家做个争鸣。

传统意义上的公文课,程式化很明显,主要教给学生一些公文格式规范的内容。这些内容无疑是很重要的,公文的格式规范学生应该知道,他们在未来工作实践当中需要用到。所以教给他们这些内容无疑是有益的,可以让他们在未来的实践中少犯格式方面的错误。

但是,一些老师把公文课讲成了公文格式教学课,实质性的公文内容学习并没有作为教学内容,对此我总感到有些遗憾。所以经常出现公文课上完了,学生从真正意义上来讲还写不出像样的公文,未来到了工作岗位,公文课上学到的公文格式也被忘得一干二净。用人单位的领导遇到高校领导几乎都会提出"加强公文教学"的建议,这也提醒我们,高校公文教学的内容,可能应该做些思考了。

也就是说,仅仅把公文的格式教给学生是不够的,公文课必须要进行公文内容的教学。作为授课教师也不难看到,仅把公文格式作为公文课的内容过于简单了,也很难通过这个教学过程实现传道、授业、解惑的目标,更难担负其传承和弘扬的使命。

因此开展全新的公文课教学尝试十分必要。无论是老师还是学生,要教好、学好公文课,首先得搞清楚一个基本问题:公文是什么?我在机关工作过,也从事过教学管理工作,按照我的理解,公文就是工作的再现或者预判。从这个意义上来讲,一个不会工作的人写公文,是很难写出来的,当然更难写好。

写公文是这样,教公文写作当然可以以此类推。只有具备一定公文基础的教师才能把公文课上好,因为自己实践过才能告诉别人应该怎么样实践。如果连这一条都没有,哪里还谈得上一碗水与一桶水的关系。

解决好公文课究竟该上什么、公文课谁来上这两个问题后,剩下的问题应该都属于技术层面的问题,这些问题无疑都属于公文写作的一些规律。因为目前还少有人对公文课改革进行过探讨,所以缺乏规范的教材。但是,公文课应该有一个目标,就是让学生真正学到一些基本的公文写作应该掌握的知识,让他们通过公文写作对未来的工作有个了解,对未来工作中可能遇到的问题去做些研究。这些是工作与公文统一的基本要求。

万事开头难。公文写作课程的探索能够迈开第一步,是很重要的。但仅靠几堂课、几个人,是不够的,应该成为绝大多数公文课教师的共识。公文写作课教师们应该不畏艰难险阻,勇敢探索起来。当然,这个过程也需要公文课写作教师不断研究工作、练习公文,因为真知总来自实践。

相信未来的公文课堂一定是最有生机的课堂,因为实践本身就是在创新。

王辉东

2022 年 6 月 3 日

目 录

上篇 公文写作进阶理论指南 ... 001

第一讲 公文是什么 ... 003

一、认识公文 ... 004

（一）什么是公文 ... 005

（二）公文的认识误区 ... 007

（三）为什么要写公文 ... 009

二、公文的实质是解决问题 ... 010

（一）何为公文中的"问题" ... 010

（二）问题是公文之魂 ... 016

（三）问题是公文之脉 ... 019

三、怎样抓住问题 ... 019

（一）依据公文的特点 ... 020

（二）掌握抓问题的途径 ... 021

（三）学会提炼问题的方法 ... 022

第二讲 好公文的最重要标准 ... 024

一、政治站位有高度 ... 026

二、理论思维有深度 ... 030

三、工作研究有精度 ... 036

下篇 公文写作进阶实践指南 ... 039

第三讲 接到公文任务怎么办 ... 041

一、谨慎审题 ·· 042
二、深度构思 ·· 043
  （一）梳理在前 ·· 044
  （二）提纲至要 ·· 045
三、精简撰写 ·· 047
四、耐心修改 ·· 048

第四讲　公文写作要准确切题 ······································ 051
一、切题的重要性 ·· 051
二、切题的三个关键点 ··· 055
  （一）要准确审题 ·· 055
  （二）要明确重点 ·· 057
  （三）要精于选材 ·· 058

第五讲　公文写作要认真构思 ······································ 060
一、立意——确保构思的目的性 ······································ 061
二、架构——实现构思的合理性 ······································ 062
三、布点——验证构思的有效性 ······································ 068

第六讲　公文写作要精炼语言 ······································ 071
一、准确 ·· 071
  （一）事实准确 ·· 071
  （二）用语准确 ·· 072
二、简要 ·· 074
  （一）要开门见山，不要绕山绕水 ······························· 075
  （二）要干明叶茂，不要十干一叶 ······························· 075
  （三）要简明朴实，不要叠床架屋 ······························· 076
三、平实 ·· 076
  （一）不溢美，不虚饰 ··· 077
  （二）不生造词语 ·· 077
  （三）不要过多地引经据典 ·· 077

四、规范 ··· 078
（一）用规范化的书面语言 ··· 078
（二）用规范化的公文专用语 ·· 080

第七讲　如何练就公文写作素养 ·· 082
一、公文写作素养的主要构成因素 ·· 082
（一）良好的政治素养 ·· 082
（二）独立的思维品格 ·· 084
（三）较高的理论素养 ·· 084
（四）较好的文字功底 ·· 084
（五）熟练的业务能力 ·· 085
（六）丰富的知识背景 ·· 085
（七）健康的写作兴趣 ·· 085
二、公文写作素养的形成 ·· 086
（一）实践的积累 ··· 086
（二）学习的积累 ··· 087
（三）思考的积累 ··· 089

第八讲　公文写作如何积累 ··· 093
一、知识积累 ·· 093
二、实践积累 ·· 097
三、思想积累 ·· 099

附录 ··· 103
一、《论持久战》(节选)(一九三八年五月) ·· 105
二、《湖南农民运动考察报告》(节选)(一九二七年三月) ································ 126
三、《反对党八股》(节选)(一九四二年二月八日) ··· 149

后记 ··· 153

上篇

公文写作进阶理论指南

第一讲
公文是什么

当今社会,公文的应用越来越广泛,除了党政机关团体、企事业单位等,很多其他单位的从业人员也需要掌握公文写作的基本知识,领会公文写作的具体方法和技巧,以更好地完成本职工作,服务社会发展。就个人成长进步来说,写作能力是现代社会影响人才发展的打基础利长远的能力,许多刚刚走上工作岗位的年轻人感到理想很丰满、现实很骨感,个人发展常常受限。事实上,尽管事业发展受到各种环境因素、客观条件的影响,但文字能力是很重要的一个方面,会为个人的进步增光添彩,甚至发挥重要作用。对从事行政文秘工作的人员来说,写作能力对个人的发展影响尤为直接。

笔者曾从事宣传工作,期间宣传了不少先进典型。在与先进典型接触的过程中,发现他们有个共同点,就是不仅本专业的学问做得好,是本领域的专家,而且写作能力也强,文笔特别好,很多人都能写一手好文章。当然,他们写的文章不是散文、诗歌、小说等文学作品,而是规范的文章——应用文,甚至是公文。笔者发现,能攀登科学高峰的人,很多都是公文高手。中国工程院院士、国家最高科学技术奖、"八一勋章"获得者、感动中国2022年度人物钱七虎曾于2012年到笔者所在单位座谈。钱院士第一句话就说,你们可能都把我当成理工男了,其实我的第一份工作是哈军工(指原中国人民解放军军事工程学院,因校址在哈尔滨,通称哈尔滨军事工程学院,简称"哈军工"——笔者注)的记者。笔者印象特别深刻,瞬间明白了钱老为什么文字能运用得那么好。

公文写作是一门很重要的学问，更是一种很重要的能力。公文是随着人类社会的发展逐渐形成的，在社会中发挥着重要作用。我国公文的产生和国家政权的出现基本上是同步的，现在公认我国公文萌芽于黄帝时期，有据可查的我国最早的公文名称是"誓"，秘书史研究专家多认为《尚书》中夏启的《甘誓》是我国最早的一篇公文。

古人很早就认识到，"马上得天下"，但不可以"马上治天下"，文化在国家发展中作用重大。秦始皇在统一中国后，还统一了中国的文字，实行"书同文、车同轨"政策。所谓"书同文"，就是把天下的文字全部统一规范为小篆，这是一项重大的文化决策。统一文字之功，与武力统一中国相比，在中国历史上的贡献毫不逊色。尽管秦朝很快被汉朝取代，之后中国历史上朝代更迭比较频繁，近代又遭受西方列强的欺凌，但中华民族历经磨难而绵延不绝，从某种意义上说，秦朝推行的"书同文、车同轨"政策起到了重要作用，中华民族的宝贵文化遗产正是借助于统一的汉字而传承下来的，规范的文字、共同的文化凝结成为巨大的精神力量，成为我们民族的支柱。其中，历代的公文也发挥了重要作用。许多古代的物质文化遗产早已经灰飞烟灭、无处可寻，但文字记载的历史文化却能让我们穿越千年去了解祖先的生活，感知中华文明的辉煌灿烂。其中有一些正是靠古代的公文流传下来的，我们熟悉的不少名篇佳作其实就是古代的公文。如李斯的《谏逐客书》、贾谊的《过秦论》、诸葛亮的《出师表》、李密的《陈情表》、魏徵的《谏太宗十思疏》等。当然，公文的含义、特点、要求等从古至今有很大变化，但其功能作用是一样的。我们首先来了解什么是公文。

一、认识公文

我国现存最早的公文总集是《尚书》，里面保存了我国商周时期的一些历史文献，绝大部分是当时官府处理事务的公务文书，可以说是一部体例比较完备的公文总集。《尚书》因涉及古、今文之争，比较复杂，成书时间现在还没有定论，学者多认为编定于战国或两汉时期。这本书在汉代以后成为儒家的重要经典之一。除去思想文化上的影响，就公文方面来说，《尚书》的体例已相当完备，可视为我国古代公文形成的标志，几千年来对后世影响巨大。

（一）什么是公文

"公文"一词最早出自汉朝荀悦所著《汉纪》，在古代也叫"牒牍"。"公文"的全称是公务文书，有广义和狭义之分。广义的公文泛指："各种机关、社会团体、企事业单位等在各自的公务活动中形成的，用以表达自己意图、代表自身权威、具有特定体式的各种类型的应用文书。"[1]因此，广义的公文既包括党政机关正式发布的法定公文，也包括各种机关、社会团体、企事业单位常用的应用文书，往往又被称为"机关应用文""事务文书"等。狭义的公文，即法定公文，是党政机关按法律法规所规定的、具有特定效力和规范体式的公务文书。根据中共中央办公厅、国务院办公厅2012年发布的《党政机关公文处理工作条例》第三条规定："党政机关公文是党政机关实施领导、履行职能、处理公务的具有特定效力和规范体式的文书，是传达贯彻党和国家方针政策，公布法规和规章，指导、布置和商洽工作，请示和答复问题，报告、通报和交流情况等的重要工具。"第八章第四十条说明："其他机关和单位的公文处理工作，可以参照本条例执行。"可以看出，公文是社会团体、企事业单位等办理公务活动、履行职责权限的重要工具。

从使用范围来说，公文是公务活动的产物和工具，是公事所用之文。也就是说，凡是从事行政事务，不论是国家机关、企事业单位还是社会团体，传达政令政策、处理公务、交流传递信息、解决实际问题时都要使用公文。公文具有实用性，学会使用公文可以协调各种关系，决定事务，正确、高效地推进各项工作。

从文体特点来说，公文属于应用文中的一大类。人类发明文字之后就开始了写作活动，根据人们写作的目的可以把写作分成两大类：一类是文学

---

[1] 淳于淼泠,冯春,祝伟.公文写作[M].3版.北京：北京大学出版社,2019：4.

写作，一类是应用写作。文学写作主要是抒发情感、反映现实，有较强的艺术性。应用写作是为了解决现实生活中的实际问题。比如私人书信、请假条、邀请函等一类的短文，都属于应用文。应用文包含的范围很广，而公文则是应用文的一种，是应用文中具有特殊规范的一种。一般性应用文很多人都能写，只要表情达意、传递信息即可。公文虽然也是一种应用文，但它不是谁都可以随便写的。公文的惯用格式指的是国家行政机关及其他社会组织在其行使职权和实施管理的过程中所形成的规范格式，公文是程式化的，其规范性的格式不允许作者自由发挥。

从公文的特殊性来看，除了格式上的严格要求，公文与一般性应用文相比具有鲜明的特点，至少包括以下几点：一是公文的作者具有法定性，由法定的作者制成和发布。二是公文一经颁布就具有权威性，不是法律却具有法定的权威和效力。三是公文有非常强的时效性，这就要求公文在处理公务、解决问题时要迅速、及时。四是公文具有极强的实用性，必须根据现实而言，针对现实问题而制发。五是公文有特定的处理程序。围绕公文形成并产生效力的过程就是公文处理，它涉及国家机关、企事业单位和社会组织的各级各类人员，伴随公文产生、执行的全过程。

笔者对公文也有自己的看法，如果拿自然界的树和花来比喻的话，我觉得公文是树，诗歌、散文是花，有些花是带刺的，有些是不带刺的。像杂文，短小、锋利，被喻为战斗的利器，它就是带刺的；还有一些针砭社会现实的文学作品，像《窦娥冤》这种剧作品，也是带刺的。像那些描写大好河山的诗歌就是不带刺的，是陶冶人的性情的。带刺的，它往往涉及社会现实，常常批判不良社会现象或风气。公文为现实的公共管理服务，通过传播主流意识形态，传播正能量，促进社会的和谐发展，这跟树的价值类似，通过释放新鲜的氧气，不断改善着人类的生活环境。

对我们来说，学习公文写作，不仅要把握公文的定义和内涵，还要了解公文的特性和功能，熟悉公文处理的环节和流程，增强公文写作的专业素养，这样才能在实践与思索中不断提高公文写作水平。

（二）公文的认识误区

对于公文，许多人存在认识上的误区。最常见的一种错误认识就是认为公文写作很简单，具备一定的文字能力就可以写出公文，没有专门学习的必要。这种观点认为，公文写作就是套格式，写作公文只需要按照各类公文的格式把时间、地点、事件等要素写进去，就可以形成一篇公文。并且，我们很多人都从小学起就开始写作文，一直写到考上大学，作文水平也不可能太差，至于写公文岂不是小菜一碟？这种观点看似有道理，但实际上可以说是大错特错。笔者接受学校教育20多年，工作后从事公文写作，之后又讲授公文写作这门课，深刻地体会到公文写作之难，当然，这也可能与笔者生性愚钝、天资不敏有关。但公文写作似易实难是从事公文写作的同志普遍的一种认识。诚然，任何具有初级汉语水平的人都可以按照格式写出一份看起来还可以的公文，但这样的公文很可能仅仅是发个通知、告诉大家有个什么事，很难引发读者的思考，也不容易发挥出公文的真正效力（如统一思想、宣传教育、澄清错误认识等），与一篇好公文的标准相去甚远。同时，公文写作与一般性写作有很大不同。两者都需要具备一定的运用语言文字的能力和水平，写好作文为我们写好公文提供了基础。但要注意的是，写作文的过程基本上是现存知识的释放过程，大脑中有什么，就写什么。很多人可能还具有文学写作的天赋，创作出诗歌、散文、小说这些文学性作品，内容可以虚构创造。而公文必须真实、严谨，不能有任何虚构成分，不然就会出问题。

还有人认为，公文的最突出特点就是实用性，能解决问题就行，只要发个通知、布置个任务，不需要有什么思考，也没有必要像文学作品那样意犹未尽、引发读者思考、具有一定的思想性。这种观点看似有一定道理，但也是错误的。公文并不仅仅是布置工作，还应具有领导指导、规范约束、宣传教育、凭证依据、沟通联系等作用，这些作用的发挥都有赖于公文的写作水平。公文写作确实是解决实际问题的，行文用语要客观冷静，不需要像文学作品那样讲究艺术性，但公义是具有思想性的，公文写作需要写作者认真思考，有些还要能启发读者思考。

领导安排下属写篇公文，如果下属的认识不到位，只是把它当作一项普通的日常性工作，就肯定写不好。要想写好公文，在接受领导的任务后，下属首先需要关注或者思考这样几个问题：这篇公文的目的是什么？为什么要写这样一篇文章？它发布后要起到什么作用？

笔者曾经有一次为领导写针对大学生毕业教育发言稿的经历。大家都知道，所有人完成学校教育后，都要走向社会，面临就业问题。我们国家不包分配制度的正式施行是从1996年开始，在1998年后开始大规模施行，到2000年全面停止了大学生毕业包分配制度，毕业生要自主择业。只有军事类院校等极少数学校因为其人才培养的特殊性仍然实行毕业生分配工作的政策，由于毕业分配工作具有严肃性，所以每年都要在毕业生离校前做好毕业教育。只有毕业教育做好了，才能让毕业生高高兴兴地奔赴工作岗位，发挥个人才干，为国家做贡献。因此这项工作非常重要、影响很大。总有非常艰苦的岗位要有人守，总有非常偏远落后的地方要有人去，怎么能让学生们听进去，心悦诚服地认识到青年人就应该勇于敢于吃苦，越是艰苦岗位越锻炼人呢？这就要认真思考，琢磨如何写好教育材料。笔者曾负责所在单位毕业生教育材料的撰写，当时，就在反复思考应该怎么写才能说到毕业生的心坎上。我首先学习了往年毕业生教育的材料，发现前几年的毕业生教育讲话稿都差不多，因为撰写者都认为这是一项每年都要写的例行性文章，只告诉即将毕业的学生要怎么看待毕业，毕业后要怎么做。因此基本上都是在往年的基础上改一改，认为就是一件事，话说来说去都差不多。尽管每年都会在领导的建议下进行些修改，但内容大差不差，很多人觉得这个教育就是喊口号，里面很多空话、套话。可想而知，这样的讲话稿是起不到对毕业生的教育作用的。

要把讲话稿写到毕业生心里，就必须了解他们的真实想法。我首先针对毕业生进行了问卷调查，发现边疆及周边一带他们是愿意去的，反而是沿海一些工作艰苦的地方很多人不愿意去，因此就结合学生的实际思想状况做了"到艰苦一线去"的主题教学。结果当年的毕业分配工作进行得较为顺利。原来我们进行毕业教育,到边疆地区去工作的动员一直是老大难,因此我们教育的重点常常落在这个地方,针对不愿到边疆地区的学生,强调"三到一服从"。而当时这个教育已经脱离了实际,因此没有人愿意听,更不可能入脑入心,也就谈不上有什么效果。当然,现在的毕业分配更加科学,与以往相比,还会考量在校成绩排名以及个人意愿等,这跟那时的毕业分配又有很大不同。因为这是涉及学生自身利益与发展的大事,学生都很关注。这就要求我们在写毕业教育的材料时,要更加具有针对性。比如教育的核心是要告诉学生,岗位虽然重要,但好岗位就一定会有好发展吗?态度不端正、没有能力、没有追求的人,即使到了好地方,给你好岗位,你也不一定有好的发展。所以,一定要锻炼自己的本领,这比选个好地方和加分更为重要,放眼世界比选择岗位更加重要。

所以说,公文并不是一纸空文,公文写作最大的特点就是实用性,公文的本质就是真刀实枪地解决实际问题,公文并不能简单地套用格式,必须经过认真的思考才能写好。

(三) 为什么要写公文

公文对我们的工作生活十分重要,魏晋南北朝时期的文学理论家刘勰在《文心雕龙》中评价公文为:"虽艺文之末品,而政事之先务也。"中国现代著名作家叶圣陶曾说:"大学毕业生不一定要能写小说、诗歌,但一定要能写工作和生活中实用的文章,而且非写得既通顺又扎实不可。"这是因为,公文写作具有重要作用和意义,至少表现在以下几个方面:

一是公文的应用场景广泛,公文是社会生活中必不可少的一种文体。个人与个人之间的交流需要通过口头语言或书面文字,而单位与单位、单位与个人,或者上级机关与下级机关之间的交流必须借助规范的书面文字,就是公文。社会生活中的各种联系需要借助公文来实现,公文与我们每个人密切相关。

二是公文在行政工作中具有很强的政治属性,这是一般文章无法取代的。一般来说,行政机关的公文具有规范约束、领导指导、知照联系、宣传教育、凭证依据等作用。一些法律、条令条例、行政法规等，都是以公文形式制定发布的，这类公文一经发布，能够起到维护社会正常秩序、规范各项工作的作用。各级领导机关还经常通过制发公文对下级机关进行领导和指导。同时，上下级机关包括不相隶属的机关之间处理工作、进行业务活动时，也需要通过公文上传下达、沟通情况。还有一些公文的制发目的是进行宣传和教育，比如先进典型事迹材料或一些事故通报。当然，所有公文作为公务活动的工具和文字记录，在传达意图、联系公务的同时，也具有凭证和依据作用。有些公文本身就是作为凭证和依据使用的，比如合同、协议、介绍信、证明信等。

三是公文的重要作用是解决实际问题。几乎所有公文都是解决实际问题的，如一些理论调研文章、工作信息、经验交流材料等，是为领导决策起参考作用的；一些工作方案、通知等是要解决具体问题的；通告、公告是对生活中一些政策、办法进行公布，解决社会生活中人们不知如何实施、界定的问题；通报是对有必要让大家知道的工作情况、经验教训、好坏典型事例进行告知，对人们进行思想教育，解决一些人思想上存在的问题。有很多公文名篇是解决大问题的，比如我党我军历史上著名的《论持久战》，就解决了抗战时期中华民族生死存亡关头许多人的思想问题，为人们澄清了一些错误认识，明确了打仗的方法、策略，增强了抗日战争必胜的信心。

二、公文的实质是解决问题

公文在现实生活中发挥着重要作用，比如上级机关通过公文对下级机关进行领导和指导，党政机关通过公文对人们行动的准则进行规范，还有一些法律法规对干部群众进行宣传教育等。所以，推动工作开展是公文的目的。而推动工作的一个重要途径是发现问题并解决问题，因此，问题是公文的核心，公文从产生到完成，都要围绕"问题"这一核心来展开。

（一）何为公文中的"问题"

《现代汉语词典》上关于"问题"的解释有：要求回答或解释的题目；须要

研究讨论并加以解决的矛盾、疑难；关键、要点；事故或麻烦，属性词。问题的本质是矛盾，因为有矛盾才产生了问题。那么，矛盾是什么？矛盾就是对立统一。矛盾无时无刻无处不在，问题不是泛指一切矛盾，只有那些人们关注、讨论、研究的特定矛盾才是问题，问题是需要解决的矛盾，是与人的认识、实践活动有关的矛盾。

工作都是围绕问题展开的，公文作为实用性突出的文体，就是为了解决实际工作中的问题产生的。比如我国的兵学经典、世界上最早的军事学著作《孙子兵法》，是围绕军事斗争中的核心问题即在战争中如何打胜仗的问题而产生的。《孙子兵法》中第一篇《始计篇》中记载：

孙子曰：兵者，国之大事，死生之地，存亡之道，不可不察也。故经之以五事，校之以计而索其情：一曰道，二曰天，三曰地，四曰将，五曰法。道者，令民与上同意也，故可以与之死，可以与之生，而不畏危也。

孙子认为战争的胜负关系到国家的生死存亡，战争不是儿戏，所以对待战争要非常谨慎。既然战争的胜利很重要，每一个参与国都想取得战争的胜利，那么该如何才能取得胜利？孙子强调，战前要"计"，也就是说战争开始前要算，要谋划。那么，该如何谋划？从哪些方面去谋划战争？孙子总结应该从"道、天、地、将、法"这五个方面考察、分析，判断是否具备胜利的条件。这就是非常好的问题思维、理性思维，通过提出一个个问题来回答如何预测战争胜负。

故校之以计，而索其情，曰：主孰有道？将孰有能？天地孰得？法令孰行？兵众孰强？士卒孰练？赏罚孰明？吾以此知胜负矣。

知道从这五个方面分析，那是不是就可以稳操胜券，就一定会取得战争的胜利呢？也不一定，还要比较分析，通过比较分析敌我双方具备的条件，看看哪一方有更大的优势，优势是比较出来的，具备了优势，才有胜利的可能性。

在孙子看来，军事斗争准备被他归纳为"五事七计"，要想在战争中获胜,就必须分析这五个方面的情况,看看是否具备胜利的条件,同时,营造对敌斗争的优势。

对于我们的人民军队来说同样如此。我军从成立的第一天起,就是与问题相伴的。

"八一"南昌起义、广州起义、秋收起义失败以后,我们党又面临什么情况,该何去何从呢?这就是问题。城市暴动行不行?后来,去了井冈山后,一些人问毛主席:"红旗到底打得多久?"我们这支军队从诞生起就在不断地回答问题,我们的军队始终围绕问题不断进步。

在我党我军历史上,"古田会议"解决了大问题。当时人民军队面对"党指挥枪"还是"枪指挥党"的问题,通过古田会议确立了党对军队的绝对领导,思想建党、政治建军,这是我军的军魂,我们军队今天的强大与军魂密不可分。进入新时期,我党我军在新的历史条件下遇到了新的问题。2014年10月的全军政治工作会议从时代发展和战略全局的高度,阐明了党从思想上政治上建设军队的一系列重大问题,深刻剖析了部队中特别是领导干部中存在的"十个方面突出问题",确立了党在强国强军征程中政治建军的大方略,这是党的军事指导理论重大创新成果,是加强和改进新形势下政治工作、推动军队建设开创新局面的纲领性文献,为实现党在新形势下的强军目标提供了坚强有力的政治保证,新时代的强军兴军之路由此开启。

我党我军历史上,很多公文都是由领导人亲自撰写的。毛泽东就亲自动笔写过许多公文,他也非常善于用公文来解决问题,比如他曾写过《再克洛阳后给洛阳前线指挥部的电报》。看这封电报时,我们必须了解它的写作背景。解放战争时期,洛阳是国民党军队在河南西部的一个重要据点。1948年3月14日,解放军首次攻克洛阳,但这次歼灭敌人的力量是有限的,为便于歼灭敌人有生力量,我军很快主动撤出。1948年4月5日,解放军再度攻克洛阳。1948年4月8日,毛泽东代表党中央向前线指挥部起草电报,指导接收工作。为什么这么急地发这封电文呢?我们先来看看这封电文。

再克洛阳后给洛阳前线指挥部的电报

此次再克洛阳,可能巩固。关于城市政策,应注意下列各点:

一、极谨慎地清理国民党统治机构,只逮捕其中主要反动分子,不要牵连太广。

二、对于官僚资本要有明确界限,不要将国民党人经营的工商业都叫作官僚资本而加以没收。对于那些查明确实是由国民党中央政府、省政府、县市政府经营的,即完全官办的工商业,应该确定归民主政府接管营业的原则。但如民主政府一时来不及接管或一时尚无能力接管,则应该暂时委托原管理人负责管理,照常开业,直至民主政府派人接管时为止。对于这些工商业,应该组织工人和技师参加管理,并且信任他们的管理能力。如国民党人已逃跑,企业处于停歇状态,则应该由工人和技师选出代表,组织管理委员会管理,然后由民主政府委任经理和厂长,同工人一起加以管理。对于著名的国民党大官僚所经营的企业,应该按照上述原则和办法处理。对于小官僚和地主所办的工商业,则不在没收之列。一切民族资产阶级经营的企业,严禁侵犯。

三、禁止农民团体进城捉拿和斗争地主。对于土地在乡村家在城里的地主,由民主市政府依法处理。其罪大恶极者,可根据乡村农民团体的请求送到乡村处理。

四、入城之初,不要轻易提出增加工资减少工时的口号。在战争时期,能够继续生产,能够不减工时,维持原有工资水平,就是好事。将来是否酌量减少工时增加工资,要依据经济情况即企业是否向上发展来决定。

五、不要忙于组织城市人民进行民主改革和生活改善的斗争。要等市政管理有了头绪,人心已经安定,经过周密调查,弄清情况和筹有妥善解决办法的时候,才可以按情况酌量处理。

六、大城市目前的中心问题是粮食和燃料问题,必须有计划地加以处理。城市一经由我们管理,就必须有计划地逐步解决贫民的生活问题。不要提"开仓济贫"的口号。不要使他们养成依赖政府救济的心理。

七、国民党员和三青团员，必须妥善地予以清理和登记。

八、一切作长期打算。严禁破坏任何公私生产资料和浪费生活资料，禁止大吃大喝，注意节约。

九、市委书记和市长必须委派懂政策有能力的人担任。市委书记和市长应该对所属一切工作人员加以训练，讲明各项城市政策和策略。城市已经属于人民，一切应该以城市由人民自己负责管理的精神为出发点。如果应用对待国民党管理的城市的政策和策略，来对待人民自己管理的城市，那就是完全错误的。①

全文900多个字，条分缕析，将我党进入城市后遇到的新问题、新政策说得一清二楚，既好理解又便于执行。因为它的内容不但适用于洛阳，也基本上适用于一切新解放的城市，所以这个电报同时发给了其他前线和其他地区的领导同志。它主要是对在解放战争占领城市过程中产生的问题进行指导。

这份电报针对的问题是很急迫又很重要的。据丁秋生在《光荣的进去干净的出来——中原作战军政双胜利的凯歌》中回忆（出自《好政委丁秋生》）：1947年12月14日解放军打进河南许昌后，没有做到军政双胜利。当时最突出的情况是，把在根据地农民斗争地主的某些做法，尤其是"分浮财"那套做法带到城市，于是，不应该没收的工商业，在"官僚资本""敌伪产业"的名目下没收了。或者开仓济贫，损害了民族工业的利益。部队入城后，也不完全懂得认真保护名胜古迹和文化、宗教机构。有些农民意识和自私自利思想严重的人，在城市五颜六色的东西面前，动了"发洋财"的心。鉴于这种情况，在攻打洛阳战役开始前，三纵队领导提出口号"光荣进去，干净出来"，战士们纷纷回应："谁英雄，谁模范，打进洛阳比比看。"

---

① 《毛泽东选集》，北京：人民出版社，1991年第二版，第四卷，第1323-1325页。

这份电报有没有发挥作用,有没有对解放军解放城市后的工作进行有效指导,避免出现此前进入许昌后发生的问题呢?当时有一篇通讯《桌上的表》描述了解放军进入洛阳城后的情况:

(注:这篇通讯最早于1948年3月发表于《麓水报》,不久新华社发了通稿)

桌 上 的 表

洛阳东城门里靠路南楼房上,在我们部队突进城后,少数敌人仍凭楼顽抗着。最后两个突击队的战士首先冲上了楼,敌人已经逃走了,房主人也吓得不知躲到哪里去了,楼上静悄悄的一个人也没有。房内放着漂亮的花被,崭新的皮包和许多衣服。在一张方桌上,还放着一只钢壳怀表,雪白的表面,漆黑的表针,在灯光下看去,还不到十二点钟,细小的秒针正在滴滴答答的走着。

战士们在楼上搜寻了一会,没有发现武器弹药一类的东西,就急忙出去了。之后,这个楼上来来往往的战士很多,楼上的东西仍旧原封不动的摆着。

巩固突破口的任务完成后,三连被命令停止,在这楼上休息。只有那一只滴滴答答的表吸引了一部分同志的思想,三排副王保怀说:"打仗就是需要表,要在三查前,我就要把它装起来了。"但是说了后,却没有动一动那只表。其余的同志也纷纷议论说:"纪律是自觉的,楼上的东西少了,咱连要负责。"正议论时,副政指导员庄建礼同志来了,战士们问:"副指导员,你看这表好吗?"庄副指导员拿出小刀剥开表壳一看,崭新的表心镶着四颗宝石,的确是瑞士的好表。看完后,表又原样摆到桌子上。

部队出发了,副指导员检查纪律,楼上的东西丝毫未动,那只钢壳表依然放在桌上,滴滴答答的走着。

作者张明写的这篇文章其实就是对毛主席的回应。在洛阳战斗中,有数不清的敌人留下来的物资,都像"桌上的表"一样安放着。数不清的指挥员,都像六班一样,忍受着艰难困苦,秋毫无犯。由于干部严格自律,不但对物品如此,对城市商业、公共场所、俘房的物品等都很少侵犯,就这样我们取得了城市政策纪律上的空前胜利。1948年4月18日,通过新华广播台广播后,毛泽东看了《桌上的表》说:"这样的文章,应该号召多写。"《桌上的表》文章虽短小,却有着极强的生命力。它被选入中小学课文,又被大学新闻系用作范文,还曾经被收入《新华社70年优秀通讯选》。

解放战争时期,毛泽东在西柏坡亲手拟电报408篇。公文是"经国之业,立言之要,交际之需,文明之魂"。而军事领域方面的公文,正如孙子所说,关系到"国之大事,存亡之道"。

中国共产党建党100多年来,我们党之所以能够走在时代前列、引领中国进步,一个重要原因就在于准确把握民族独立、人民解放、国家富强、人民幸福的历史性课题,并为此进行不懈奋斗。革命战争年代,正是因为成功解决了中国革命的目标、道路、领导力量和依靠力量等一系列根本问题,才最终赢得新民主主义革命的伟大胜利。新中国成立后,正是创造性地解决了对农业、手工业和资本主义工商业进行社会主义改造等重大问题,才顺利实现从新民主主义向社会主义的过渡,并开启了社会主义建设的新征程。改革开放以来,正是紧紧抓住什么是社会主义、怎样建设社会主义,建设什么样的党、怎样建设党,实现什么样的发展、怎样发展等重大问题,并在实践中不断取得突破,才成功开辟和拓展了中国特色社会主义的康庄大道,使当代中国和中华民族展示出光明前景。可以说,强烈的问题意识贯穿于革命、建设、改革实践的全过程,成为党和国家事业发展的强大动力。

那么,问题在公文中究竟处于什么样的地位呢?

(二) 问题是公文之魂

工作围绕问题,公文服务工作,问题在公文中的地位不言而喻。

学写公文首先解决的不是文字和主题的问题,最重要的是先弄清楚公文的写作目的,要解决什么问题,因为公文就是为解决问题而生的。

在起草公文时，如果不调查研究，不了解实情，就直接上手写公文，这样脱离了实际所起草的公文是没有任何意义的。

诸葛亮的《出师表》就是历史上非常有名的公文，尽管其语言还是文学化的，与我们现在的公文语言有很大不同，但作为公文，这篇文章也是围绕问题展开的。开篇诸葛亮就说："先帝创业未半而中道崩殂，今天下三分，益州疲弊，此诚危急存亡之秋也。"这是告诉皇帝为什么要出兵，因为关系到国家的生死存亡。"亲贤臣，远小人，此先汉所以兴隆也；亲小人，远贤臣，此后汉所以倾颓也。"接下来告诉刘禅，"我"走后你要怎么办，军事上听谁，交代得很清楚。最后诸葛亮还要解决一个问题，就是刘禅会不会信任他，如果刘禅怀疑他造反了怎么办，所以，公文结束时他还表达了自己的忠心："臣不胜受恩感激。今当远离，临表涕零，不知所言。"全文短短九百字，但是很好地解决了刘禅所需要和所关心的问题。所以后世的陆游在《书愤》中说："出师一表真名世，千载谁堪伯仲间。"

我们再来看看毛泽东的《论持久战》：抗战全面爆发后，中日战争究竟将怎样发展？中国能否取得抗战胜利？如何才能取得胜利？这些问题亟待解决。1938年5月，毛泽东写了《论持久战》，一出现就石破天惊，初步总结了全国抗战的经验，批驳了当时盛行的种种错误观点，系统性地阐明了党的抗日持久战方针，坚持解放思想，实事求是。

《论持久战》这篇研究论文式的著作，之所以被称为公文经典，最突出的地方是：文章瞄准问题，逻辑清晰。全文主要讨论的是抗战时期我们的大战略问题。作者通过深刻分析中国抗战的形势与本质，通过列举古今中外大量历史战例，总结出符合战争辩证法的规律，有力驳斥"亡国论"和"速胜论"等错误言论。文章共5万多字，分为21个小节。第一节"问题的提起"，提出关于抗战的诸多问题：然而战争的过程究竟会要怎么样？能胜利还是不能胜利？能速胜还是不能速胜？很多人都说持久战，但是为什么是持久战？怎样进行持久战？很多人都说最后胜利，但是为什么会有最后胜利？怎样争取最后胜利？这些问题因为是关系中华民族生死存亡的大问题，非常复杂，所以又可细分为许多小问题，因此作者后面又以"问题的根据"论述自己为什么提出持久战的观点，接下来驳斥了当时社会上存在的主要错误观点：亡国和速胜，用三节内容详细展开论述"驳亡国论""妥协还是抗战，腐败还是进步""亡国论是不对的，速胜论也是不对的"。要杜绝"亡国论"和"速胜论"，因为在敌强于我时这两种论调就不现实，必然导致客观失败。接下来阐述在我方弱于敌人时或环境不利于我方时应采取持久战的策略，只要采取此策略则必胜："为什么是持久战""持久战的三个阶段""犬牙交错的战争"。随后揭示了抗日战争发展的基本规律：敌强我弱、敌退步、我进步、敌小我大、敌寡助、我多助，论述了只有实行人民战争，才能赢得胜利："为永久和平而战""能动性在战争中""战争和政治""抗日的政治动员""战争的目的"。最后分析了抗日战争作战可以采用的形式与策略，主要是运动战，其次是游击战："防御中的进攻，持久中的速决，内线中的外线""主动性，灵活性，计划性""运动战，游击战，阵地战""消耗战，歼灭战""乘敌之隙的可能性""抗日战争中的决战问题""兵民是胜利之本"，最后予以总结，得出"结论"，首尾呼应，结束全文。

这篇文章能取得这么大的成效，产生这么大的影响，是与其强烈的问题意识分不开的。毛泽东历来强调写文章要解决实际问题，不写空话套话。1951年2月1日，《中共中央关于纠正电报、报告、指示、决定中的文字缺点的指示》要求："除简短者外，一切较长的文电，均应开门见山，首先提出要点，即于开端处，先用极简要文句，说明全文的目的或结论，唤起阅者注意，使阅者脑子里先得一个总概念，不得不继续看下去。然后，再作必要的解释。"

邓小平同志的文章也写得干脆、利索，每一篇公文，反对什么，赞成什么，提倡什么，否定什么，都旗帜鲜明、毫不含糊地表达出来。很简单，公文的要领是对着问题写文章。如《坚持四项基本原则》《高级干部要带头发扬党的优良传统》等，都是一语中的，抓住问题的关键，点出问题的实质，指出问题的要害，可谓有的放矢、一针见血。

所有好公文都是以问题为核心的。任何公文如果离开了现实,离开了实际,离开了问题,这个公文就是一纸空文。

(三) 问题是公文之脉

始终围绕问题,是公文的基本要求。古希腊哲学家苏格拉底将寻求普遍知识的方法命名为"产婆术",提倡通过提出问题,经过分析、归纳、综合、判断,最后得出结论。这种理论通过在问答过程中,不断揭示对方谈话中自相矛盾之处,从而逐步从个别的感性认识,上升到普遍的理性认识、定义、知识。公文写作同样也遵循这个逻辑,问题是公文的脉搏。

以我们熟悉的《论持久战》来说,问题可以说贯穿全文始终,抛出问题、分析问题、解决问题,在整篇中,问题就像脉络一样,重点突出,层层递进。第一节"问题的提起"提出当时国内非常关心的抗战最核心的问题:过程、结果、道路是什么样的,围绕这个问题,讲了问题的根据,并条分缕析为什么中国不会亡国,抗日战争为什么是持久战,持久战的过程、阶段,最后又探讨持久战应该怎么打,注意哪些策略等,紧紧围绕问题展开全文。尽管文章很长,却环环相扣,非常引人,不会让人觉得枯燥冗长。又如毛主席的《湖南农民运动考察报告》一文:

首先,毛泽东提出"农民问题的严重性"这个问题,并指出农民运动的大潮即将到来,接着从农民运动的组织情况、农会的现状、对农会的看法,以及农民运动的性质等方面阐明农民运动本身是积极的、革命的,最后得出应该矫正当局对农民运动的错误处置结论。从问题出发,正视存在的问题,并作客观的、全面的、科学的分析,最后解决问题。毛泽东这篇文章真正做到了用问题统领全文。

三、怎样抓住问题

我们认识到了问题在公文中的重要性,接下来的问题就是该怎样抓住问题。正如法国哲学家卢梭在《爱弥儿》中所说:问题不在于告诉他一个真理,而在于教他怎样去发现真理。

（一）依据公文的特点

要抓住公文的问题，首先要依据公文的特点来把握。公文与一般文章相比有鲜明的特点，比如政策性、直白性和时代性。深刻理解公文的这些特点，才能有意识地去琢磨公文要解决的问题。

公文的"政策性"是指公文发下去是要让看公文的人去执行的，因此必然是明确工作中的疑难问题，告诉人们解决办法，让大家像对待法律那样有法可依。从这一点出发，我们在写作公文时，就要根据法定的权限和职责，对可能出现的特定问题和工作进行琢磨，从而提出权威性的看法、意见和要求，从而传达政策、解决问题和推动工作。

公文的"直白性"是指公文要简洁明了、直截了当，是什么、为什么、要怎么做等都要写得明明白白，不能模棱两可，也不能像文学作品那样含蓄委婉，而是必须表明态度，肯定什么、反对什么、应该怎么做，这样才能让看到公文的人一目了然，才能把工作干好。比如《论持久战》中作者一开始就用"问题的提起"直接陈述："于是问题是：中国会亡吗？答复：不会亡，最后胜利是中国的。中国能够速胜吗？答复：不能速胜，抗日战争是持久战。"直截了当、旗帜鲜明地提出自己的论点。

毛泽东对解放军占领洛阳后军队的指示也很清晰，一条条、一项项，非常细致具体，让人知道怎么做，就是"直陈文中、显露于外"。我们写作公文时，如果碰到具体通知类的，那么就可以按照这种写法，把具体可能出现的情况、问题一一罗列出来，交代清楚，把发文的目的、观点、思想意图，用简明朴实的语言文字在公文中清楚明白地表述出来。这就是通过公文的直白性来发现问题。同时，提出问题要直截了当，使人一目了然，让人很快能了解公文的基本指导思想、主要意图，而不是反复推敲，百思不得其解。

公文的"时代性"是指公文必须要与实际情况、与现实社会紧密相连。现实是问题产生的土壤，每个时代都有每个时代产生的问题，这是由矛盾的普遍性与特殊性决定的。写公文就要能够敏锐地发现时代提出的新问题，并结合时代特点，提出解决办法。公文忌讳"长、空、假"，公文写作应更具时代性、鲜活性。2010年,习近平总书记在中央党校开学典礼上讲到的"短、实、新"就是公文写作时应该注意的时代性。

(二)掌握抓问题的途径

尽管很多人都明白问题具有政策性、时代性等特点,但实际生活中,仍旧有许多人不知道该如何发现问题并抓住问题。其实这里有一个重要原因,就是我们现实中很多公文都是奉命之作、应时之作,这些公文写作时间非常紧,领导很重视,但大多是活动或会议过去就过去了,最后并没有发挥多大的实际效用,更不要说解决实际问题了。这些公文是文山会海之根,大多是从事文秘工作的人员坐在机关闭门造车造出来的,很多并没有发现真正的问题。

人民群众处在实践的第一线,很多时候对问题的感受更直接、更准确,对情况的了解也更详细、更透彻。毛泽东同志曾经说过,我们的同志不要以为自己还不了解的东西,群众也一概不了解,许多时候广大群众跑到我们前头去了。

我们从事公文写作要坚决克服形式主义、官僚主义、享乐主义和奢靡之风,要时刻谨记,公文是来自实际、源于问题、解决问题的。

没有调查就没有发言权。对此,毛泽东的《反对本本主义》一文说得非常透彻。这篇文章是为了反对当时红军中存在的教条主义思想而写的,对于我们如今写公文同样适用。

要了解实际情况,就得深入社会生活,了解群众的真实想法。写公文也是如此,我们文字工作者不能只坐在办公室里闭门造车,而是平时就要深入基层、深入群众,对基层情况进行观察、体验、研究和分析,从而对某些问题有所感悟、有所发现、有所领悟,最终形成正确的理解和主张。如果平时不注意立足于实践,就会对各种生产生活和管理工作中的现象缺乏深刻的认识和理解,就不能捕捉到具有一定意义和实际内容的深层次问题。写出来的公文就只能浮于表面,这种仅仅停留在文字表面的东西是不能指导实践的。

(三) 学会提炼问题的方法

要想很好地从实际生活中提炼出问题,要注意以下几个方面:

一是问题往往就在材料中。我们在生活中看到的现象很多,搜集的材料也很多,对于这么多的材料,一定要学会"去粗取精、去伪存真",要认真思考,甄别哪些是普遍现象,哪些是特殊情况,分清主次。同时,对问题的定位和认识,不能随心所欲、胡乱"拔高",甚至歪曲事实,割裂事物的本来联系。

二是问题要符合党的政策。在公文中提出的问题,以及解决问题的思路要与党的政策相符。这就要求我们在发现问题草拟公文前,先查找国家的政策法规,看上面有无规定、如何规定,这样行文时才能做到有根有据,不说外行话。

三是问题要有超前性、发展性。如果公文要解决的问题是老问题,是已经不成问题的问题,那也是不行的。所以我们在写作公文前一定不能自以为是、一厢情愿,觉得我发现的问题一定是新问题就贸然行文,一定要去查找已有的文字材料,看问题是否已解决。当然,如果是老生常谈却一直没有解决的问题也是可以再写的。

四是问题要有全局观。如果你所写公文中要解决的问题,对全局来讲不是问题,或者提出来以后会给全局带来大的影响,那么这个公文提到的问题肯定是不合适的。像《论持久战》为什么能在战争之初就能准确预估出整场战争的过程、结局?毛泽东作为杰出军事家除了有深厚素养以外,他还具备分析问题时的全局观。

五是问题要带有辩证性。问题都是由工作生活中的矛盾产生的。事物的两面性甚至多面性产生了矛盾。我们在解决问题时就要用辩证的眼光去看,要多角度、深层次地去审视问题,这样才能把问题看透彻、看全面,也才能真正解决问题。

六是不同文种公文中的问题要有侧重。不同文种公文写作中的主题是有差别的。一般情况下,写人物的文章,着笔的重点应是对人物精神的发掘,例如对某同志先进事迹的通报表扬或调查报告,就不应仅是这位同志做了些什么事,说了些什么话,而应根据这些事和这些话来高度概括他的思想境界。而写事件的文章要着力于对事件意义的探究,要重点抓这件事背后的东西。说理的文章要着力于抓住主要矛盾,把主要矛盾作为认识问题和解决问题的出发点,从而引出正确的结论。在公文中,主题往往就是其发文意图,因此应着力于使意图更明确,意见更成熟,措施更可行。

比如中共中央《关于建国以来党的若干历史问题的决议》,在讲到毛泽东思想的形成时,使用了二三十年代同教条主义做斗争的材料,就概括得很好:靠背诵马克思列宁主义一般原理和照搬外国经验,不可能解决这些问题。主要在本世纪二十年代后期和三十年代前期在国际共产主义运动中和我们党内盛行的把马克思主义教条化、把共产国际决议和苏联经验神圣化的错误倾向,曾使中国革命几乎陷于绝境。毛泽东思想是在同这些错误倾向作斗争并深刻总结这方面的历史经验的过程中逐渐形成和发展起来的。

可以设想,如果在选取这个材料时不加以提炼和概括,那就不是能用简短的 150 多个字所能表述的了,而会使公文变得冗长、拖沓,甚至会导致材料淹没在公文中,失去其本应突出强调的要求、指示,削弱公文应有的作用。

第二讲
好公文的最重要标准

究竟什么样的公文才能算得上是一篇好公文？尽管同普通文章一样，公文在一定程度上也存在仁者见仁、智者见智的情况，但客观来说，作为规范的应用文体，公文的优劣具有明确的衡量标准和尺度。公文优劣的衡量标准包括行文关系的选择、对政策法规的理解和把握、主题内容是否鲜明准确、行文是否流畅、条理是否清晰、文字是否规范简洁等。这是从网络上找到的一份公文评价标准表格：

评审类别	评审内容	扣分标准
行文关系（15分）	1.行文必要性	违反规则要求，无必要行文，扣1分
	2.行文关系准确性	1.违反规则要求，行文关系错误，扣3分 2.违反规则要求，行文关系失当，扣2分
	3.文种使用符合规范要求	1.文种使用不当，扣3分；文种使用错误，扣5分 2.文种重复、循环套用，扣2分
政策法规（15分）	1.符合方针政策	公文不符合国家方针政策，扣5分
	2.符合法律法规	1.公文适用法律法规错误，扣5分 2.适用、引用法律法规条文、规范性文件不当，扣3分
	3.符合上级要求	公文不符合上级要求，扣2分
主题内容（15分）	1.主题鲜明、立意正确	主题不突出、立意不明确，扣2分
	2.内容真实、结构严谨	1.公文内容不真实，扣3分；内容意思表述突兀、条理不清、结构不完整，扣3分 2.照搬照抄上级文件，无单位实际工作结合内容，扣3分

(续表)

评审类别	评审内容	扣分标准
文字表述 （25分）	1. 文字表述简练、准确	1. 公文文字、词语、标点符号使用错误或不当,缺字少字或重复,每项扣1分 2. 文字表述冗长、不通顺,扣1分;文字表述不准确,前后重复、矛盾,每项扣2分 3. 出现病句,每项扣2分;生造词语,每项扣2分
	2. 数字、简称、计量单位使用准确	1. 数字、计量单位使用不准确或不当,每项扣1分 2. 简称使用不准确,每项扣1分
文面格式 （30分）	1. 版面尺寸、排版、装订符合规范要求	1. 版面尺寸不符合规范要求,扣2分 2. 排版规格不符合规范要求,扣2分 3. 装订标准不符合规范要求,扣1分
	2. 公文格式规范,眉首、主体、版记各要素齐备,运用正确、完整	1. 公文格式不符合文种要求,扣2分 2. 眉首、主体、版记各要素不完备,使用不符合规范要求,每项扣1分
	3. 公文字体规格符合使用要求	公文字体、字号、规格使用不符合规范要求,每项扣1分
	4. 公文结构层次符合规范要求	公文层次标识不合规范要求,每项扣1分
	5. 页码标注、附表符合规范要求	页码标注、附表等不符合规范要求,每项扣1分
	6. 文面整洁美观	文面外观不整洁、不协调,扣2分

这是一个文字性的对公文评价的标准,核心主要包括三个方面:一是能够抓住主题;二是能用简洁明了的语言把复杂的事情说清楚;三是所提的建议或解决方案可行、能被领导采纳。

至于文笔是否流畅、格式是否规范是第二层面的问题;而标点符号、错别字那更是第三层次的问题了。

虽然公文有固定的格式,但公文也必须要有自己的新意,要有自己的创新。但这个评价标准太笼络,不具体,在实际工作中缺乏指导性。

今天,我们来给大家来谈谈写作公文的标准。

究竟什么是好公文的标准呢?笔者以为,最重要的标准是"有思想"。

这是我在多年的公文实践中充分感受到的一点。这也是对好公文的最高评价。正如唐代诗人杜牧主张："凡为文以意为主,以气为辅,以辞采章句为之兵卫。"明末清初的大思想家王夫之论述写文章时说："意犹帅也,无帅之兵,谓之乌合。"他在这里指出的其实是普通文章,普通文章如果没有思想性,就像一支无灵魂的军队,只是乌合之众,更不要说公文了,因为公文要解决实际问题,要指导实践,要明确是非,就必须要具有思想性,要旗帜鲜明,掷地有声。可以说,思想性是公文的精髓,没有思想性,公文就必然缺乏生命力。

一、政治站位有高度

马克思主义认为,"一切阶级斗争都是政治斗争""政治是经济的集中表现""政治就是各阶级之间的斗争""政治就是参与国家事务,给国家定方向,确定国家活动的形式、任务和内容""政治是一门科学,是一种艺术"。这些论述概括反映了政治的本质、属性、基本内容和特征,是研究政治现象和为政治下定义的指导思想。

具体来讲,政治是一定阶级或集团为实现其经济要求而夺取政权和巩固政权的活动,以及实行的对内对外全部政策和策略。"高度"在我们日常工作学习生活中并不少见,这些大都是物理意义的,很多也有抽象意义。政治高度,主要指在政治立场、观点、方法上的高度。政治站位有高度主要体现在以下几个方面:

一是立场必须坚定。"立场"字面上的意思是处在某一地点、位置,看一个事物、事件、问题等。

没有立场,就是没有原则,其反应和态度依据当时的环境和形势而定。有个成语叫"指鹿为马"。《史记·秦始皇本纪》中记载:"赵高欲为乱,恐群臣不听,乃先设验,持鹿献于二世,曰:'马也。'二世笑曰:'丞相误邪?谓鹿为马。'问左右,左右或默,或言马以阿顺赵高。"后来人们就用这个成语比喻故意颠倒黑白,混淆是非。实际上,这就是典型的缺乏政治立场。当然,现实生活中也有不少人像墙头草,随风倒。

公文的政治立场必须是清晰的、明确的，否则，公文就难以起到作用，甚至会带来负面影响。公文的政治立场含糊不得，不能出现把党和人民对立起来的问题。

胡乔木曾说过：我一辈子就是为政治服务。但是我知道，我为政治服务，就是要为人民服务；政治如果离开了人民的利益，离开了为社会主义、共产主义的目的，就要犯错误。始终坚持人民立场、坚持人民主体地位是我们党一切行动工作的根本出发点和落脚点。《中共中央关于制定国民经济和社会发展第十三个五年规划的建议》中提到：坚持人民主体地位。人民是推动发展的根本力量，实现好、维护好、发展好最广大人民根本利益是发展的根本目的。强调必须坚持以人民为中心的发展思想，把增进人民福祉、促进人的全面发展作为发展的出发点和落脚点，发展人民民主，维护社会公平正义，保障人民平等参与、平等发展权利，充分调动人民积极性、主动性、创造性。

二是观点必须鲜明。"观点"是从一定的阶级或集团的利益出发，对事物或问题的看法。这个观点显然是政治观点。有正确的立场，还要有正确的观点才行；当然，没有正确的立场，就不会有正确的观点。立场是观点的必要条件。

观点鲜明，指作者通过文章的全部材料和表现形式所表达出来的基本思想，反映了对象的本质和内部规律，符合自然现象和社会、政治、经济、文化的发展规律，揭示事物所包含的深刻的社会意义。也就是古人所讲的文章立意要"志高、识深、意远"。丰子恺的一则短文《散沙与沙袋》，其思想性就显示出非同一般的高度。文章从"沙是最不可收拾的东西"，"但倘用袋装沙，沙就能显示出伟大的能力来"的独到考虑，感悟出"中国四万万人，曾经被称为'一盘散沙'，抗战'好比一只沙袋'，现在已经把他们约束了"，从再常见不过的散沙，联想和论证到中华民族团结的大问题，给人以鼓舞和启迪，思想极其深刻。

比如，在单位建设中，常常会面对全局与局部的矛盾，你怎么处理？它不是简单的局部服从全局就能够说明白的。比如，面对改革，某个单位面临撤改任务，如何起草一个教育通知，让全体人员听党指挥、服从决策，就是一个很难两全，但又必须两全的问题。这可以说是对公文起草者政治观点的重要考察。正如习近平总书记指出的那样，有的人讲话光风霁月，让人觉得简单明了透彻，而有的人讲话云遮雾绕，让人捉摸不透。我们写作公文，代表的是政府或组织机构，要本着对党和人民事业负责的态度，在讲话中勇于坚持对的、反对错的，观点鲜明，态度明确。对于工作，对于问题，对于群众，绝不能含糊其词，语焉不详，"以其昏昏，使人昭昭"。云里雾里，玄之又玄，其实是能力不够、水平不高，既弄不明白问题的是非对错，又怕承担责任，所以只能装腔作态，故作高深。

鲜明的观点是马克思主义观点的具体分析，大局与局部、战略与战术、长远与当前等诸多关系的高度统一，是矛盾的普遍性与矛盾的特殊性的统一。在学习五中全会精神时，我们可以从中感受到马克思主义哲学的生动运用，我们的党是马克思主义政党，不是嘴上说的，纸上写的，而是随时可以见到的，并落实在行动中的。

如《中共中央关于制定国民经济和社会发展第十三个五年规划的建议》中提到："发展不平衡、不协调、不可持续问题仍然突出，主要是发展方式粗放，创新能力不强，部分行业产能过剩严重，企业效益下滑，重大安全事故频发；城乡区域发展不平衡；资源约束趋紧，生态环境恶化趋势尚未得到根本扭转；基本公共服务供给不足，收入差距较大，人口老龄化加快，消除贫困任务艰巨；人们文明素质和社会文明程度有待提高；法治建设有待加强；领导干部思想作风和能力水平有待提高，党员、干部先锋模范作用有待强化。"

三是方法必须有效。方法，指关于解决思想、说话、行动等问题的门路、程序等。没有有效的方法，政治高度无从谈起，再高的政治高度也是空谈。这里的方法，是马克思主义立场观点指导下的方法，本身也是科学的方法，而不是土办法、土政策。

毛泽东1941年在《改造我们的学习》中说："其中许多人是做研究工作的，但是他们对于研究今天的中国和昨天的中国一概无兴趣，只把兴趣放在脱离实际的空洞的'理论'研究上。许多人是做实际工作的，他们也不注意客观情况的研究，往往单凭热情，把感想当政策。这两种人都凭主观，忽视客观实际事物的存在。或作演讲，则甲乙丙丁、一二三四的一大串；或作文章，则夸夸其谈的一大篇。无实事求是之意，有哗众取宠之心。华而不实，脆而不坚。自以为是，老子天下第一，'钦差大臣'满天飞。这就是我们队伍中若干同志的作风。"这是毛泽东同志对当时不良风气的批评，他还引用古代流传下来的一副对联来形象地说明这种作风的弊端。"有一副对子，是替这种人画像的。那对子说：'墙上芦苇，头重脚轻根底浅；山间竹笋，嘴尖皮厚腹中空。'"实际上，直到现在，我们还有很多人仍在走同样的道路，犯同样的错误。

毛泽东还在文中指出："无论一个团体、政党还是政府，当上下都已形成老一套时，这个团体、政党、政府也就老了。与这个'老'相配套的就是空话、老话、套话，写文章就拿腔拿调。韩愈、欧阳修反对的时文是这样，明清的八股文是这样，延安整风运动时反对的党八股也是这样。"

现实生活中，一些公文错误地理解政治站位，以为用一些口号就是体现政治站位了，喜欢戴"帽子"，丝毫不考虑本单位的实际情况，不考虑公文具体内容，先把"在党中央的正确领导下""高举中国特色社会主义伟大旗帜"这些话套上再说。实际效果就是感觉并没有真正把基层所做的具体工作体现出来，而只会让人感觉空话、老话、套话连篇，洋洋洒洒却空洞无物。这样的公文也必然缺少正确立场观点指导下的有效办法。这种公文就是毛泽东批评的"墙上芦苇""山间竹笋"，看起来高高在上，实际上缺乏根基、无法立足。笔者在长期的工作实践中感到，有效的方法就是大局下的局部、战略下的战术、长远下的当前，这是工作指导，也是实践总结。

比如前面我们讲到的毛泽东的《再克洛阳后给洛阳前线指挥部的电报》一文，就充分体现了这些要求。

充分而灵活地运用马克思主义立场、观点、方法是公文政治高度的基础,具体地就是要看是否体现了党的领导,是否体现了中国特色社会主义理论体系,是否处理好了各种关系,是否真正立足于国情和单位实际,是否关注群众利益,这种体现不是喊口号、戴"帽子",也不是生搬硬套,是具体的、生动的。这才是真正地体现政治高度。

二、理论思维有深度

公文,不仅要传达党的政策和领导意图,告诉人们怎么做,而且还要说明道理,告诉人们为什么要这样做,以其深刻的思想内蕴统一干部和群众的思想和行动。只有这样,才算得上有思想性,而这也是公文的精髓。

对此,毛泽东曾经专门论述说:"准确性属于概念、判断和推理问题,这些都是逻辑问题。鲜明性和生动性,除了逻辑问题以外,还有词章问题""要讲得入情入理,使人觉得切实可行,没有外行话""使人看了感觉解决问题,百倍信心,千钧干劲,行动起来"。

目前公文中,往往存在这样一个通病:很多公文多是就事论事,思想性比较贫乏。就是讲一些道理和思想,也是蜻蜓点水,浅尝辄止。甚至只谈工作,不谈思想。这在总结报告、工作安排类文体上最为明显。常常总是这样总结:一年来,我们一共做了以下几个方面的工作,政治上……军事上……文化上……。总之,从理论武装一直到内部建设,洋洋洒洒数万言,详详细细数十件,到头来,空悲切,只是一部"流水账"。其实,什么是总结?总结是对过去工作的再认识。工作成绩要写,但写成绩的目的是通过回顾、分析,从中找出经验教训,把它条理化、系统化,得出规律性的东西。这些就是理性认识、就是思想性。有了思想性,公文才能出观点、出结论;公文的主题才会深刻、鲜明,才有指导意义,才具有生命力。好的总结范例很多,历次党代会报告就是最具有思想性的。

我们一起学习毛泽东《人的正确思想是从哪里来的?》一文,并通过此文一起研究理论思维所包含的内容。

人的正确思想是从哪里来的?

人的正确思想是从哪里来的?是从天上掉下来的吗?不是。是自己头脑里固有的吗?不是。人的正确思想,只能从社会实践中来,只能从社会的生产斗争、阶级斗争和科学实验这三项实践中来。人们的社会存在,决定人们的思想。而代表先进阶级的正确思想,一旦被群众掌握,就会变成改造社会、改造世界的物质力量。人们在社会实践中从事各项斗争,有了丰富的经验,有成功的,有失败的。无数客观外界的现象通过人的眼、耳、鼻、舌、身这五个官能反映到自己的头脑中来,开始是感性认识。这种感性认识的材料积累多了,就会产生一个飞跃,变成了理性认识,这就是思想。

这是一个认识过程。这是整个认识过程的第一个阶段,即由客观物质到主观精神的阶段,由存在到思想的阶段。这时候的精神思想(包括理论、政策、计划、办法)是否正确地反映了客观外界的规律,还是没有证明的,还不能确定是否正确,然后又有认识过程的第二个阶段,即由精神到物质的阶段,由思想到存在的阶段,这就是把第一个阶段得到的认识放到社会实践中去,看这些理论、政策、计划、办法等等是否能得到预期的成功。一般的说来,成功了的就是正确的,失败了的就是错误的,特别是人类对自然界的斗争是如此。

在社会斗争中,代表先进阶级的势力,有时候有些失败,并不是因为思想不正确,而是因为在斗争力量的对比上,先进势力这一方,暂时还不如反动势力那一方,所以暂时失败了,但是以后总有一天会要成功的。人们的认识经过实践的考验,又会产生一个飞跃。这次飞跃,比起前一次飞跃来,意义更加伟大。因为只有这一次飞跃,才能证明认识的第一次飞跃,即从客观外界的反映过程中得到的思想、理论、政策、计划、办法等等,究竟是正确的还是错误的,此外再无别的检验真理的办法。

而无产阶级认识世界的目的,只是为了改造世界,此外再无别的目的。一个正确的认识,往往需要经过由物质到精神,由精神到物质,即由实践到认识,由认识到实践这样多次的反复,才能够完成。这就是马克思主义的认识论,就是辩证唯物论的认识论。现在我们的同志中,有很多人还不懂得认识论的道理。问他思想、意见、政策、方法、计划、结论、滔滔不绝的演说、大块的文章,是从哪里得来的,他觉得是个怪问题,回答不出来。对于物质可以变成精神,精神可以变成物质这样的日常生活中常见的飞跃现象,也觉得不可理解。

因此,对我们的同志,应当进行辩证唯物论的认识论的教育,以便端正思想,善于调查研究,总结经验,克服困难,少犯错误,做好工作,努力奋斗,建设一个社会主义的伟大强国,并且帮助世界被压迫被剥削的广大人民,完成我们应当担负的国际主义的伟大义务。

这是毛泽东同志1963年5月修改《中共中央关于目前农村工作中若干问题的决定(草案)》时增写的。这篇文章论述了理论思维的重要性,本身也体现了很强的思想性。具有以下几个特点:

一是揭示本质。"人的正确思想,只能从社会实践中来",这一思想的提出,揭示了认识论的本质,真理是从实践中来。实践真理论对当今时代的发展,具有重大意义。

二是逻辑缜密。首先是提出问题,即文章的主题、论点:"人的正确思想,只能从社会实践中来";接着是分析问题,从正反两个方面展开分析,抽丝剥茧,层层递进,全面而深入,最后得出结论:"这就是马克思主义的认识论,就是辩证唯物论的认识论",呼应了文章开头提出的问题;最后是解决实际问题,批评现实中不懂认识论的现象,提出加强教育的要求。全文一气呵成,彰显了逻辑的力量。

三是思想深刻。通过深刻而通俗的语言,展示了深厚的判断、推理功力。把社会实践对人正确思想形成的作用讲得十分透彻,观察问题全面、分析问题透彻,考虑问题着眼长远。

四是辩证思维。整篇文章的分析体现了毛泽东辩证分析的最高境界,无论是提出问题、分析问题,还是最后得出结论,都以矛盾为纲,在矛盾中进行,不断提出与论点相反的观念或事例,从正面到反面,再综合出新的观点。这就是辩证法的思维方式,充满了哲理哲思。

五是见解独到。如提出了正确思想的三个实践来源,人的社会实践,除了阶级斗争、生产斗争,还有科学实验。因为,哪怕是自然科学的理论,即使取得了数学的证明,如果没有得到实验证明,那只是假设。

这五条也是理论思维深度的一般表现。

对于公文的思想性,还有人提出了"五要":一要透过现象看本质,准确概括问题的实质;二要善于挖掘公务活动中的发展规律和内在联系;三要思维缜密、思路清晰,体现出严密的逻辑联系;四要有主有次、详略得当,体现事物的完整性;五要观点鲜明、开宗明义、片言居要。此外,撰文者的思维要有深度、广度,在思维流向上要与授意者(领导者)的思维流向相一致。这也是深刻挖掘公文内涵,完整准确地表达公文主题的诀窍之一。这与上文提到的五条异曲同工罢了。

笔者曾经针对现实生活中的问题写过一篇《典型无需典型化》的评论,在此与大家分享一下。

典型无需典型化

先要声明的是,这里的典型不是艺术创造出来的典型,而是现实中具有代表性的人或事。

前段时间,一位叫郜艳敏的被拐女成为"最美乡村女教师",让典型问题又一次成为社会话题。从热议中看到,郜艳敏是不是最美的乡村教师在这个时候并不是十分重要的话题,而其忍辱负重的历程则让有良知的人们思考着一个重大问题。这就是,依法治国大背景下对郜艳敏进行宣传,是不是在鼓励犯罪。

笔者对此高度认同,但同时却认为,这次对郜艳敏的宣传是新时期一个成功的案例。郜艳敏就是郜艳敏,作者没有根据需要对其艺术处理、实现典型化,而是客观地写出了她的不幸遭遇。有几人不知道依法治国这个时代大背景,也许这正是作者对这个典型独具匠心的理解,对打击犯罪的大声呐喊。应当明白,客观性、人性化应当成为自媒体时代典型宣传的最重要的特征,而恰恰需要检讨的却是读者群中对这次典型宣传无休止的声讨。其实,在这些声讨声中本身就有一对矛盾,一方面人们听到的是对典型客观性、人性化的要求,另一方面人们又能感受到的是对典型的无遗憾、典型化的心态。

可以确定地说,典型是时代的标识,引导着社会的进步。我们党高度重视典型宣传工作,在不同时期都树立了可歌可泣的时代典型,为党和国家的事业提供了前行的动力。笔者就是在雷锋时代确立起了理想,在张海迪时代懂得了追求。后来,一些人翻出了雷锋、张海迪们的所谓生活琐事,似乎由此可以让英雄从人们的心中走开。但恰恰相反的是,理性告诉人们这才是真正的英雄,因为我们不仅是革命的理想主义者,同时又是真正的唯物主义者。精神与生活对我们来说,本来就是高度的统一体。

客观地看,在一段时间里,人们在认识典型时往往比较片面:只要是典型,就应该没有缺点,一方面突出,各方面突出。这种认识的后果是不言而喻的。宣传者容易出现主观倾向,典型无"非",普遍地概念化、标签化、脸谱化,也就是典型化。而受众呢?对典型的典型化的要求更趋向神圣化,似乎典型不容有任何缺点和问题。这种要求即使在今天全社会都在呼吁典型人性化的时候也还相当程度地存在。笔者前几年参加宣传一位典型时,新闻单位的记者们都感到这个典型"货真价实",可还是有群众反映了一个生活中的小事。而反映的问题本身在宣传中没有涉及,也不影响典型定位,而且典型本人对此的认识与反映的问题不太一致。尽管组织上做了解释,可能反映问题的人还认为典型有缺点,不应该宣传。其实,对典型的典型化问题,几乎在每个典型宣传中都或多或少地存在。这种典型化不是来自宣传者,就是来自大众。

应当认识到,对典型的典型化本身是对新闻客观性本质要求的背离。俗话说,金无足赤,人无完人。现实中,十全十美的人是不存在的,这也是唯物主义在认识世界过程中的实际体现。从某种意义上可以说,没有艺术加工的完人是不存在的。这也是人们不太理解为什么媒体总喜欢把视觉放在逝者、苦难的人身上，因为道德伦理本身就让人们难以对这样的典型进行质疑。但不管怎么说，客观真实是新闻的生命，必须走出典型宣传典型化的误区。最重要的就是要搞清楚什么样的典型值得宣传，能否在某一方面引领社会进步，是对典型的第一考察。但现实中由于一些单位和个人政绩工程的思维，容易出现"一好百好"的情况，这直接导致典型的泛滥和典型的负效应。其实，"百好"的典型本身就值得怀疑，但在这"百好"中有两条是不能将就的，一是政治上要可靠，二是道德上要纯洁。有些典型树了以后站不住，要不就是在这两条上迁就了，要不就是客观性上存在问题。其实，典型的事迹客观性和典型的道德纯洁性往往在宣传过程中基本上就能看得出，一个典型人物对自己的事迹也人云亦云，别人怎么写就怎么好，没有任何质疑，这个典型本身就要打个问号。因为，对一些事实问题认定是一个严肃认真的事情，任何一个纯粹的人都会计较。

还要认识到，对典型的典型化很难赢得群众。教育群众，赢得群众，是典型宣传的目标。在自媒体时代的今天，典型宣传如果走典型化的路子很难走通，因为相对传统的典型宣传不管准备多充分，也很难经得起自媒体传播的瞬间检验。宣传若是过了头、绝对化，媒介中的完美形象与现实中的具体存在不相符，榜样只能适得其反。"高大全"不可靠，"细微真"才重要，典型化后的典型，容易千人一面，有的甚至不食人间烟火，这样很难为绝大多数群众所接受，常常可望而不可及。那些容不得典型有自己、有缺点的受众，要走出典型化的思维定势，学会正确认识人和事物的发展规律，明白典型不是也不可能完美无缺，应当以科学的态度对待典型。特别是对有争议的典型，不能一边倒地否定。诸如对郜艳敏的宣传，我们不应该对处于弱势的郜艳敏给予同情和掌声吗？我们不能预见到在法治进程中将会更多地关注郜艳敏们的命运吗？

我们所处的时代是一个典型辈出的时代，这个时代呼唤着更多真正典型的涌现。

从文章中可以看到,提高文字材料的思想性不是"四六句子"的生硬拼凑,不是排比对偶的过多运用,不是大小标题的平仄对仗。它是对事物的透彻分析,对问题的独到见解,对道理的深刻阐述,对观点的精练概括,是从事物本身挖掘出的真知灼见,这才叫思想。当然正如毛泽东同志文章中所说,这些正确思想的形成是要经历一个过程的,是要实现两次飞跃的。

三、工作研究有精度

公文最终是公事所用之文。写得再有政治、再有理论,如果对工作研究不深入,没有真正理解工作,也决不能算是有思想。公文写作做到研究有精度应从以下几个方面着手:

一是围绕目标写作。公文是做什么用的,解决什么问题的,必须始终贯穿到公文写作中。围绕这个核心,展开公文写作。毛泽东同志深悉公文的真谛,把准确性列为"三性"之首。公文主要用来传达要求,指导工作,必须准确无误,通俗直白。毛泽东同志亲自起草的电报、指示、决定等,全是一对一、实打实,围绕重点,直指中心。《星星之火,可以燎原》这篇文章原本是毛泽东1930年1月5日给林彪写的一封信。在信的结尾,毛泽东预示"中国革命高潮快要到来",并满怀激情地写道:"它是站在海岸遥望海中已经看得见桅杆尖头了的一只航船,它是立于高山之巅远看东方已见光芒四射喷薄欲出的一轮朝日,它是躁动于母腹中的快要成熟了的一个婴儿。"贴切的比喻、优美的排比和诗意的语言,这一系列修辞表达了作者心中对革命高潮到来的热切期待,这篇文章也是紧紧围绕讨论的中心来写的。

公文材料具有明确的指向性,大都是围绕一个时期内单位建设的方向性、基础性、倾向性、关键性问题展开的。前面我们说过,问题是公文材料的基础和灵魂。如果针对问题去写,抓的是"一碰就响"的问题,抓的是"人人心中有,个个百思不解"的问题,群众的反响就大,公文就发挥了作用,实现了目的。如果相反,就会空洞无物、苍白无力,失去公文材料应有的指导价值。

二是结合实际开药方。要增强公文的针对性,首先要深入调查研究,以高度的敏感性洞察和分析问题,提出的问题要贴近社会生活实际,能够引起群众的足够重视和思考;分析问题原因要实事求是,能够得到普遍认同和共鸣;拿出的对策措施要切实管用,能够让人们看到实实在在的成效。其次要表达准确,起草者要认真查证事实,仔细推敲词句,不能搞"隔山打炮、概略瞄准",确保所要表达或依据的事实是客观存在的,而不是捕风捉影、无中生有的,表达的程度要确切实有,不能含糊不清、随意拔高。

三是摆清自己的位置。思维是人脑借助语言所完成的对客观事物的间接反映。文学写作是以形象思维为主的,在写作中作者要借助文学形象表达自己的爱恨情仇,而应用文写作是以抽象思维为主的思维方式。公文作为应用文中的一个特殊文种,它的写作主体可以是一个群体、一个法定的作者、领导或群体的代言人,也可能是一个写作个体。在公文写作中必须客观公正,尽管公文写作看起来是某个人或某群人的主观行为,但公文写作者绝对不能将个人的主观情感融入写作中。同时它无需关注写作对象的外在形态,而是力图把握和揭示写作客体的本质及其发展规律。这是将写作思维由"个别"到"一般"的转化与运用,是各种概念、判断、推理的综合运用,是对事物发展规律的揭示,是对事物发展趋势的预测,是对方针、政策的最好诠释,更是意见、精神的最好表达。所以在公文写作中除了运用一般的思维方式外,它更适合运用对象思维和模式化思维。当然一篇好的公文常常是多种思维方式恰到好处的运用。这段关于"一带一路"建设的教育材料,就值得我们学习:

> 1941年5月5日,斯大林在红军学院讲演中分析国家战前需要具备的政治条件时说:"政治上做好战争准备意味着什么呢?政治上做好战争准备,意味着要有足够的所需盟友和中立国。"没有朋友的国家是不能胜利的。"一带一路"不是资本和地缘政治扩张的地方,是与世界人民交朋友、建立命运共同体,是与世界共同繁荣和发展中一起创造新文明的地方,是"综合运用国际国内两个市场、国际国内两种资源、国际

国内两类规则",为实现党的两个百年目标做基础准备的地方。其策略意义在于不用传统的"两个阵营"的对抗方式,而用上善若水,水善利万物而不争的辩证方式,破解霸权压力于无形,"化危为机、转危为安",为我们实现"两个一百年"的战略目标创造更好的国际环境。

——引自《太平洋学报》2015第5期:张文木《千里难寻是朋友 朋友多了路好走——谈谈"一带一路"的政治意义》

下篇

公文写作进阶实践指南

第三讲
接到公文任务怎么办

众所周知,公文写作有两个重要特点:一是奉命之作,二是时效性强。这两个特点在各级领导机关表现得更为突出,各类公文往往要得快、催得急,机关工作人员常常是加班加点开夜车,挑灯披星熬通宵,结果还常常难以快速地保质保量地完成任务。有的工作人员不仅累坏了身体,还挨批评,常使工作陷入被动。可以说,许多刚进机关工作的人员都曾苦恼过一个问题:接到公文任务后,究竟该怎么办呢?

笔者刚到机关工作的时候,正赶上一个急稿的撰写,部门领导带着我们处室全体人员加了整整一个通宵的班,第二天这篇公文交给主管领导后没收到任何反馈,当时我还以为稿子顺利通过或者是不需要大的修改。结果正式开会时,发现领导用的是一篇截然不同的稿子。我对比后发现,领导对我们五六个人熬了一夜写的稿子,只用了四到五行字。当时我感到非常沮丧,但这却是一种普遍现象。在机关实际工作中常常有这么一种情况,并不是你付出得多、看似很努力,公文就能写得好。公文写作一定要动脑筋、会思考。那么,在短时间内怎样完成领导下达的任务,这是对机关、对工作人员扎实基本功的考验。

根据笔者的经验,接到公文写作的任务后,切忌感觉时间紧、任务重,埋头苦干动笔就写,很可能你写了也是白写,做了无用功,或者只是事倍功半的劳动。这是新手普遍会犯的错误。要想事半功倍,就要遵循一定的章法。一般来说,开展公文写作的过程,可分为四个阶段。

一、谨慎审题

要想写好一篇公文,首先要仔细审题。审题是第一步,并且是关系文章成败的重要环节、关键一步。所谓审题就是认真琢磨题目要求,考虑选材、主旨、文种等方面的限制、要求和提示,使写出来的公文符合题意,符合要求。

我们拥有一个共同的世界,但是每个人又都有自己不同的认知。大家同时看一个东西,但每个人看到的东西或许是不一样的。这就是为什么写作会跑题的原因。尽管接受美学理论认为,文字的创作是作者先入为主地表达思想的主观活动,但文字的理解却必须借助读者主观的阅读和个性的体验才能完成。因此常常会出现"一千个读者就有一千个哈姆雷特"的现象。但这个理论主要指的是文学作品,文学作品追求言外之意、韵外之致的艺术性,与文学语言及主题的丰富性密不可分。对应用文来说,我们要尽量避免这种多义性,语言要合乎应用文的规范,简明准确。但还是会出现审题不一的情况,有的人理解题目要求很到位,有的人则会出现偏差。如果审题偏差,那便会跑题,因此审题非常重要。

审题要求我们,尽管接受活动允许个人有自己的理解,但是接受活动分社会接受和个人接受两种,生活在社会中的个人应该有所处时代和社会的一个或几个共同理解,而不是想当然。在这一阶段,我们要弄清楚四个问题:这篇公文是给谁写的?写给谁的?写什么?怎么写?

给谁写?写公文首先要清楚自己是以什么身份写。一般来说,公文写作者都是代表本单位机关在发文,这就要求写作时要跳出个人或所在部门的小圈子,站在单位机关的立场,全面考虑全局性的问题。身份不同,公文写作时的思维层次、考虑角度也不同。这是公文写作第一阶段最重要的问题。

写给谁?就是要考虑公文的受众、对象,公文是发给谁的,是上级单位,还是下级单位,或是本单位下属机构,甚至是不相隶属的单位,这很关键,对象不同,内容不同,要求也不同。

写什么?公文主要是表达什么主题,进行什么教育,布置什么工作,有哪些注意事项等等,主题不同,差别很大,这是公文的核心。

怎么写?明确了以上三个方面后,我们要琢磨通过什么样的方式来谋篇布局,把领导布置的工作以公文的形式传达下去。比如选择哪个文种、文中如何论述等,方式不同,作用不同。对于公文来说,审题首先意味着明确公文的文种。看到题目要选择正确的文种,不能出现文种错误。

以上这些,都要先想清楚、想明白,才能算是审题审好了,对领导布置的公文任务有了一定的把握。审题成功了,就是方向上的成功,才有可能把公文写成功。

审题还包含一个应有之义,就是要清楚发文意图。公文写作通常都有一定的目的和意图,这种目的和意图领导或交代得很清楚或不甚明了,甚至有的领导交代写作任务时,可能连自己都没想清楚要写什么,他可能交代给工作人员的是大目标且多是原则性的指点或粗线条的勾画。动笔前准确领会领导意图,防止所写公文脱题离纲、文不达意,是提高公文写作速度的关键一步。因此,及时与领导沟通好、商定好,防止"失之毫厘,差之千里",真正做到有的放矢,心中有数,才能少走弯路。

谋划的前提是知群众、知领导、知工作。首先要把自己沉入群众中去,了解群众迫切想知道和急需想解决的问题,要想得周全、写得到位。其次要站在讲话领导的角度上,依领导的工作方法、思维习惯及单位近期的工作动态,认真分析全局的工作,准确判断出单位目前需解决的问题和实现的目标。

二、深度构思

写公文最忌讳的就是领到任务后,拿起笔就写。这是初学者常犯的错误,本想尽快完成,但往往适得其反,枉费时间,经常是"提笔万言,离题千里",最后的定稿可能没用上几句话。笔者以为,拿到材料任务后,应该尽快了结手头事务性工作，之后深度投入材料中。作为材料起草人，要在审题切题之后，认真研读材料，静心理清工作头绪，有条不紊地开展工作。

（一）梳理在前

一是了解领导、受众关心的问题。"没有调查研究就没有发言权。"不深入调查研究，公文写作就成了"无源之水，无本之木"。调查研究是公文写作者的基本功。深入实际开展调查研究，才能掌握第一手资料，了解真实情况，发现实际问题，提出解决问题的有效途径和措施。把调查研究的资料、领导指示要求进行对比分析，确定公文必须解决的问题、必须涉及的内容、必须形成的思路。

二是相关资料的准备。把已有资料进行过细分析，有亮点的、可用的、不可用但可加工使用的，进行分门别类整理，对材料中要用但又缺少的资料尽量在写作开始之前找到，将重要观点、事例、数据和语句标划出来或者摘录下来，这是写作成功的基础。

三是对自己已形成的好想法、好观点进行选择。这是公文出彩的关键。虽然公文姓公不姓私，但也应当有独特的风格，留下时代的烙印。即使是例行性的公文，也不能沿袭往年的惯用说法或是表述，更不能简单套用。太体例化的公文让人生厌。只有赋予时代特色、特征鲜明，公文才有生命力。

四是对有借鉴意义的范文进行针对性研究。模仿范文进行公文写作是公文写作者入门的有效捷径，也是提高公文写作速度、出精品的必然之路，正如古人所言："熟读唐诗三百首，不会作诗也会吟。"模仿什么、怎么模仿，有几种常见的做法。

模仿固定格式的公文。公文在长期的使用及不断的演变和规范过程中，渐渐形成了固有模式和一些特殊要求，其中部分公文还具有相对固定的格式，如命令、通知、请示等，这类公文有着固定的开头用语、过渡用语及结束用语，这些用语就像组成了一个雕刻精细的书架，只要随时填入相应内容就可完美无缺。对于这类公文的写作我们完全可以套用那些语言组织精练、结构严谨的现成公文来快速"移植"成文。

模仿单位高手的公文。所谓高手就是单位的"笔杆子",向高手学习可以重点学习三个方面:一是单位工作内容的精华;二是单位工作程序、工作习惯的总结;三是领导的文风。单位的"笔杆子"在长期的公文写作实践中,积累了丰富的写作经验,具备了较深的理论造诣,且单位的一些公文皆是其殚精竭虑、废寝忘食的结晶,具有极佳的形式和模式,堪称范本。同时,单位的"笔杆子"还十分熟悉本单位领导的特点和习惯。向他们学习,可以迅速掌握公文的起草程序、格式规范、处理过程;模仿他们的公文,可以快速领会公文的写作要领、技巧处理、写作要求;另外,还可以了解领导喜欢的公文风格及对公文要求的习惯。对此,要悉心学习、仔细揣摩、借鉴掌握,消化吸收成为自己的东西,努力实现公文写作的跨越式升级。

模仿名人大家的公文。鲁迅讲:"凡是已有定评的大作家,他的作品,全部就说明着'应该怎样写'。"公文写作更是如此。当然,名人大家的公文因年代、历史等原因在格式上不一定符合现代公文的要求,但其行文的语言与文风依然耀眼夺目,是公文写作模仿的重点。我们要模仿他们简明质朴不枯燥,新颖生动不浮华,简洁精练的语言;要模仿他们内容充实不冗长,文章短小不空洞,严谨规范的文风。

深思阶段应该通过梳理完成立意,完成梳理后,要再与领导进行沟通,交代自己的写作思路,看看领导还有没有什么要求。

(二) 提纲至要

这是写作很关键的阶段,提纲好的文章就会写作顺利,提纲不好的文章就会写作中挫折不断。

不管在什么岗位,笔者都会对新来的同志反复嘱咐,要读点哲学书籍,不少听进去的同志结合工作学习取得了很大进步。有位负责写评论员文章的同志,刚毕业时,并不是太适应这项工作,写的评论一直过不了关。后来他反复学习哲学,苦练写作。工作快一年的时候,我叫他到办公室来,他以为又要撤稿了。没想到的是,我祝贺他的评论员文章写成功了,后来一段时间单位的评论员文章基本出自他的手。写好文章没有点哲学基本功是不行的。

拟定提纲的思路笔者个人认为最为管用的通常有两种：一是平行式，二是递进式。平行式的提纲，相互之间不要交叉。递进式的提纲，相互间不要有重叠。笔者个人认为除科学报告外，一般公文不求逻辑的闭合，但不要有逻辑的错误。笔者曾经负责抓政治理论教学工作6年，在实践中感到，但凡课上得精彩的都不求逻辑的闭合，而课上得一般的人，不少是对自身的逻辑要求过高。但不管我怎么去帮助他们，他们都过不了自己这一关，逻辑上的完美主义有时也不一定是好事。其实，一堂课也好，一次讲话也好，一篇公文也好，没有人去关心逻辑的完整性，他们只关注逻辑上有无错误，关注留下了几句值得思考的话。不要指望每句话都经典，应该关心受众的内心承受和内在需要。笔者从事宣传工作伊始，就非常在意文章的标题和层次，有时整晚也没有结果，晚上躺在床上一夜都不合眼，这背后的功夫下得不小。后来负责单位一些大材料时，也一般先与同事共同研究定下提纲后，大家分工协作，这样就能在时间紧张的情况下优质高效地完成写作，大家共同进步。提纲形成的过程是消化吸收再创新的过程，是公文独立塑形的过程。

公文结构的关键在于符合大多数人的审美情趣。观点—分析（事例、数据等）—结论，这是人们普遍接受的一种行文方式。从一定意义上讲，公文写作的流程，是从大到小谋篇，从小到大行文。从大到小谋篇，就是根据公文类别性质布局，搞清楚各种公文的框架套路。从小到大行文，一般按"是什么""为什么""如何做""达到什么效果"的顺序行文。结构的成功，就是逻辑的成功。举个例子来看：

二〇××年××大学政治工作要点

一是突出中国特色社会主义理论体系武装，大力加强思想政治教育；

二是围绕先进性建设和能力建设，努力提高党的建设科学化水平；

三是紧贴使命任务，进一步加强干部队伍建设；

四是强化按纲施建，深入推进基层建设科学发展；

五是按照学习型要求，全面加强政治机关和政治干部队伍建设。

首先，我们要把框架结构拉出来，把文章要写的几个部分提炼成标题罗列出来，再认真看看这几个方面是否合乎逻辑，是否能相提并论。如果答案是肯定的，那基本上就没什么问题。后面我们就可以对每个部分进行充实完善了。

三、精简撰写

前面说了那么多，都是在为撰写公文做准备。撰写阶段当然是最重要的，在这一阶段我们要特别注意下面几个方面：

一是要少说废话。早在80多年前，毛泽东同志在《反对党八股》一文中，就要求大家："我们应该研究一下文章怎样写得短一些。写得精粹些。"抗美援朝时期志愿军司令员彭德怀有一份电报仅有六个字："饥无食，寒无衣。"毛泽东、周恩来紧急调集大批军事物资源源不断地运进朝鲜战场，保证了二次战役的顺利实施。公元前47年夏，罗马共和国杰出的军事指挥家恺撒，在率军攻克埃及后，又以迅雷不及掩耳之势挥兵攻打叙利亚，仅用五天时间就击败了本都王子的军队，占领了面积广大的小亚细亚。恺撒此时兴致勃勃地挥笔给罗马政府写了一份战报："吾到，吾见，吾胜。"目前我们看到的公文普遍存在废话太多的情况。俄国哲学家、文学批评家别林斯基说过："假如第一行落笔太远，那么这篇论文一定是废话连篇，离题万里；假如第一行就接触事件，那么这篇文章就是好文章。"文学作品尚且如此，公文更要注意，不能出现废话废字。

二是要干明叶茂。在公文写作中，空讲道理、空提任务、空表决心、空下结论的情况很有市场。一定要处理好"干"与"叶"的关系，做到干明，即主旨明确，脉络清晰；叶茂，即有血有肉，富有生机。这种"叶"，应是充分显示活力的绿叶，要对所占有的材料，无论是整体材料、典型材料、背景材料还是对比材料，都下一番精心筛选、裁剪、搭配、装点的功夫。

三是要力戒空话套话。现在很多公文中，"在……下"泛滥成灾，"结合"层出不穷，"依据"没完没了，还有言过其实的"亲自"，屡见不鲜的"大力""狠抓""认真""十分"……记得我在机关的时候,有的同志在推材料时,还故意加上很多类似的话,让人看了很不舒服,真实度也大打折扣。这样的公文让人敬而远之,读不进去。

四是要真写少抄。当今在信息技术手段下,无需剪刀浆糊,网络上资料很多也很方便,因此不少人写东西时便东抄一段,西抄一段。这不是正确的拿来主义,最终形成的只能是没有自我的大路货。在行文中,笔者感到,文字不能太长,一些大材料也应在3 000字之内,最长也不应超过5 000字,我们工作的单位并不一定很大,工作还算不上千头万绪,无需长篇大论。在用事例时,同一篇文章中不要把一个例子拆分来用,因为这说明我们对这个例子没有吃透,或者是我们的提纲还可以再作思考。

五是要对准风格。"萝卜青菜,各有所爱",撰写公文除要求实事求是、语言规范外,还需符合领导的办事风格、语言特点,不同的领导讲同一问题有不同的风格,撰写公文的语言特点、风格自然也不相同。喜直来直去的,则要用原汁原味的语言,实实在在地去写;爱生动文雅的,则要从形象生动、风趣幽默方面作准备;好谈古论今的,则需引经据典、文言诗词并用,体现领导的风格特点。同时还要注意控制篇幅的长短,该长则长,该短则短。

四、耐心修改

公文的思想内容、语言、格式等都有严格的规范,这就需要我们有足够的耐心,反复修改,公文定稿的过程,是一个不断修改完善的过程。

怎么修改呢?首先要看公文的内容,主题是否鲜明,观点是否正确,文题是否相符,内容是否简洁,论据材料是否充分,事实是否符合客观实际,道理是否有说服力,思想、观点、表述是否符合国家法律法规和党的路线方针政策等,公文撰写者要认真检查,始终做到精益求精。

其次要特别注意文章内部的逻辑,初稿写作时往往因为要用很多材料来表达观点,容易忽视文章的逻辑结构,所以修改时必须下大力气修改逻辑问题。着重思考文章的结构是否合理,各层次段落、句子之间的关系是否符合逻辑，词语搭配是否合理，过渡、衔接是否顺畅自然，文章材料、观点是否有重复、矛盾的地方，论证是否严谨等。

再次是要把握好公文的用语。要重点把握公文的表述是否准确，语言是否流畅，文字是否精练等等。公文语言的要求很高，应当平实、质朴、准确、精当，这就要求公文写作者精心遣词造句，反复推敲权衡，下一番精雕细刻的功夫，以严实、严谨、严密的科学态度，竭力删去一切可有可无的字、句、段，写出言简意赅、短小精当的公文来。

最后要仔细检查公文的格式。新修订本的《党政机关公文处理工作条例》，第三章专门讲公文格式，对发文机关标识、发文字号、标题、主送机关、正文、附件说明、发文机关署名，以及公文的版式、汉字、阿拉伯数字、外文字符、计量单位和标点符号的用法和顺序等，做了明确规定，起草者要认真对照检查修改，确保不出纰漏。

毛泽东同志虽然已经具备了深厚的公文素养，但对待公文，极其慎重。1956年，中央就国际上发生的一系列重大事件，发表了《再论无产阶级专政的历史经验》的重要文章。这篇文章由毛泽东构思，胡乔木起草。12月2日出初稿，到29号发表，八易其稿。据吴冷西回忆说：胡乔木、田家英和我三个人就在毛主席住所后面的居仁堂修改，我们修改完一部分，就由田家英给毛主席送去一部分，毛主席也看一部分改一部分。这样流水作业，一直到第二天——12月28日清早，我们把最后一部分修改完，三个人一起到毛主席卧室去。毛主席看完后决定当天晚上广播，29日在《人民日报》见报。

毛泽东《关于正确处理人民内部矛盾的问题》一文，一共改了十三稿，从最初的讲话稿到正式发表，间隔近四个月，而对这个问题的认识，毛泽东说是"在心里积累了很久"，也就说，经历了非常长的思考、酝酿、积累时间。1957年2月27日，毛泽东在最高国务会议第十一次（扩大）会议上作了《如何处理人民内部的矛盾》的讲话，1957年5月7日，毛泽东对其进行第一次修改，并将题目正式定为"关于正确处理人民内部矛盾的问题"，后来，毛泽东为征求党内其他领导的意见，又进行了广泛而深入的调研，并做了多处修改和补充,最终于6月19日在《人民日报》第5版公开发表。发表稿与讲话稿的思想内容、逻辑框架基本一致,但其理论形态、思想内容更为完备、丰富,行文逻辑和语言表述也更加严谨。

笔者自己也感到,文章一直到用稿前都有修改的必要。有一次去北京介绍经验,我在现场把已经印发的讲稿进行了调整修改,压缩了近一千字,主管领导在讲评时给予了充分肯定。当时我们参加汶川抗震救灾,从汶川抗震回来谈体会,其他人在上面讲,我还在下面改,等到我讲的时候,稿子已被我从头到尾改了一遍。这一改效果就是不一样,后来这个讲话材料被上级转发。

诗圣杜甫曾说"语不惊人死不休",诗鬼李贺的"天若有情天亦老"被司马光称为"奇绝无对"。因为李贺就是一位用心作诗的典型,他的母亲曾说:"是儿要呕心乃已耳。"呕出心肝,用生命写作,是文字工作者应该追求的境界。

需要强调的是,对公文写作者来讲,文章的完成仅是一个新的开始。提高自己的写作能力,还得关注人们对文章的评价、反映,以至不断地改进、完善写作方法。

最后要说明的是,实战是公文写作最好的老师。只懂得游泳知识的人还是不会游泳,光有开车理论也是开不了车的。正如毛泽东所说:"在战争中学习战争,在游泳中学会游泳。"我们也要在公文写作中学习公文,在耐心修改公文的过程中学会逐渐领会到什么是好的公文,怎样写出好的公文。

第四讲
公文写作要准确切题

公文是国家机关、企事业单位、社会团体和个人在日常生活、学习、工作中处理公私事务、交流传递信息、解决实际问题所使用的具有直接使用价值和官用格式的文章的总称。"解决实际问题",这是公文的根本目的,不管公文千变万化,最终都是解决实际问题的。如果离开了实际问题,就不要去写公文了,公文为问题而产生,也因为问题而精彩。简单地讲,公文是公私事务用文。公文写得好,有利于提高处理事务的效率。

前面我们讲了公文写作的几个环节及重要事项,从本讲开始我们要对公文写作中的几个关键问题进行条分缕析。写文章最忌讳的是文不对题,因为这一点直接会导致一篇文章全军覆没。因此这一节我们重点谈谈公文如何切题。

一、切题的重要性

清代词人纳兰性德曾经说过:"古人乐府词,有切题者,有不切题者,其故不可解。"这里谈论的是古代诗词创作中的切题。对于一篇文章来讲,切题是第一要求,是基本要求。对于公文写作,我想切题大概有三层意思。

第一,切题的第一步是根据公文的主旨,确定公文适用的文种,清楚写作规范。

最新的国家行政机关公文有15种,分别是决议、决定、命令(令)、公报、公告、通告、意见、通知、通报、报告、请示、批复、议案、函、纪要。有个口诀叫"两决两公三个通,令议报请批复中","两决"是决议、决定;"两公"是公报、公告。

公报一般指国家、政府、政党、团体或其领导人所发表的关于重大事件，或会议经过和决议等的正式文件。全国人民代表大会开完会，就会发表公报。公告，就是广而告之，是指政府、团体对重大事件当众正式公布或者公开宣告、宣布，目的在于让有关方面或人民群众对相关事项能及时知晓。通告，是适用于在一定范围内公布应当遵守或者周知事项的周知性公文，其使用范围广泛。通知，通常是下行文，适用于下达指示、布置工作、传达有关事项、传达领导意见、任免干部、转发上级机关和不相隶属机关的公文等。通报，适用于表彰先进，批评错误，传达重要指示精神或情况时使用的公务文书，使用范围广泛，各级党政机关和单位都可以使用。

"令议报请批复中"，令，是命令，法定的领导机关或领导人对下级发布的一种具有强制性、领导性、指挥性的下行文。它适用于依照法律规定公布行政法规和章程，宣布施行重大强制性行政措施以及嘉奖有关单位和人员。命令必须严肃审慎，不能滥用、错用。议案，是指向国家议事机关（立法机关或国家权力机关）提出的议事原案，如法律议案、预算案、决算案、国民经济和社会发展计划案等，以及有关全国性和地方性的重大事项的议案等。这个文种比较中性，而且用得比较宽泛。报告，是向上级机关汇报工作、反映情况、提出意见或者建议，答复上级机关的询问时使用的公文。按照上级部署或工作计划，一般都要向上级写报告。请示适用于向上级请求指示、批准，属于上行文。凡是本机关无权、无力决定和解决的事项可以向上级请示，而上级则应及时回复。回复时用的文种就是批复。批复是上级机关答复下级机关请示事项的一种下行公文，也就是说，批复是与请示配合使用的下行文。先有下级的请示，才会有上级的批复，有请必复，一事一批，这就是批复的作用。

我们在选择文种时一定要知道每种文种的使用范围，什么内容用哪个文种。笔者曾让学生写3份作业，分别是个人思想汇报、召开教学研讨会的通知、申请经费的请示。整体感觉是：写思想汇报的根本文不对题，召开会议通知的则基本上是千篇一律，写请示的理由不充分。这3份看起来很简单的公文练习很多同学都跑题了,所以说是否切题是个大问题。

第二,必须符合题意,不跑题。首先要知道公文的主要目的是什么,领导为什么要制发这份公文,公文的主旨又是什么。

以我们常见的思想汇报为例,如果接到了一个写思想汇报的任务,我们就得好好思考究竟该怎样理解这个题目。思想汇报要有思想汇报的样子,那思想汇报的样子是什么呢？我们把它剖开,分为面子和里子,面子上它是一个汇报,就是文种的规范确定了,什么样的格式、大致要写什么内容,这是它的面子。那它的里子是什么呢——思想,就是汇报要反映近段时间的思想状况,由面子和里子构成了思想汇报的样子,但凡脱离了里子的,这个汇报就跑题了,就不符合它的基本要求了。

第三,切题还要领会好领导的意图,领导的想法体现了单位机关的工作重点、思路。要切题,就必须了解领导意图,特别是有些时候,领导的意图并不完整,也不明确,作为撰稿人,就要弄清楚领导想说而没说出来的话。只有悟透领导的想法,写出的文章才符合本单位的实际,才有现实价值。

从事公文写作,要想很好地切题,还有重要的一条就是按照实践需要,加强积累。正如陆游教育其子如何作诗时说的:"汝果欲学诗,工夫在诗外。"要想写好公文,重要的不仅仅是过文字这一关,各方面的积累都很重要。首先对所在单位的一切工作都应该深入了解研究,其次对各项方针政策、管理规定要熟悉,要深入一线了解情况,有了第一手资料,才能够站在单位立场上、站在一线立场上出好策,献良谋。有了好的策见,你的文章才能立意高远、筋强骨壮,语言才有分量和光彩。

笔者曾经在2013年写过一个讲话稿,当时单位要参加中国特色社会主义理论体系教学评价。学校通过这次讲话,引导全校思考我们的政治理论课能不能获评优秀,怎样才能获评优秀。

在写讲话稿前,我认为要想获评优秀,必须围绕目标追求,紧紧抓住坚持和发展中国特色社会主义这条主线贯彻十八大精神,我们的政治理论课必须从理论和实践上思考和回答中国特色社会主义从哪里来、往哪里去等重大问题，用真理的力量坚定学生的理想信念，文章的题目是《聚焦坚持和发展中国特色社会主义，深入扎实推进十八大精神三进入》，全文分为三个部分：

一是必须紧扣聚焦点，在坚持和发展中国特色社会主义上下功夫。政治理论课教学的根本任务是政治育人，坚持和发展中国特色社会主义必然应当成为贯彻十八大精神的聚焦点、着力点和落脚点。"毛泽东思想与中国特色社会主义理论体系概论"课要提供一个方法论的框架，要围绕对国内外形势的判断、总依据总布局总任务的顶层设计思想等方面加深对中国特色社会主义的理解。"马克思主义基本原理概论"要搞清楚坚持马克思主义世界观和方法论与高举中国特色社会主义旗帜的内在联系，从理论与实践的结合上理解和把握马克思主义的理论品质、基本观点和当代价值。这是理论逻辑应然。"中国近现代史纲要"要深入分析近现代中国社会发展和革命发展的历史进程与中国特色社会主义的紧密联系，在认识党成立以来中国历史的主题和主线中树立道路自信、理论自信、制度自信。这是历史逻辑实然。"当代世界经济与政治"要着力分析世情国情，掌握中国特色社会主义的逻辑起点。"思想品德修养与法律基础"要把理论认同与价值认同统一起来，建立对中国特色社会主义的情感归宿。要通过课堂教学，让学生认清中国特色社会主义不是"传统的"、不是"外来的"，更不是"西化的"，而是中国独创的，是业已被历史检验和正在被实践检验的真理。

二是必须抓住薄弱点，在学深悟透解决理论困惑和实践问题上求突破。从历次"三进入"的情况看，"语录式""标签式"的进入方式比较普遍。其实，理论如果不加分析研究、生硬地搬到课堂，学生势必会口服心不服，政治理论课要直面学生关注的重大理论问题，只有通过对这些重大理论困惑和实践问题的解决，才能使学生对共产主义深信不疑、对中国特色社会主义坚定不移。

三是必须选准切入点，在创新政治理论课教学模式上做文章。教学内容再精彩，理论再高深，没有采用学生乐于接受的形式，效果必定会大打折扣。政治理论课教学必须创新教学模式,让学生在理论认同、情感认同中实现思想认同、政治认同。如学校开设了专题研讨课"启航时刻",课堂上,让学生畅所欲言,在深度互动中拉直学生心中的问号,同时也增进了师生之间的情谊。

二、切题的三个关键点

要想做到准确切题,有很多注意事项,但以下几点是必须注意的。就是我们必须要准确审题、明确重点、精于选材。

(一) 要准确审题

审题是公文写作的一个非常基本的要求,我们从小写作文就知道审题的重要性,但公文审题与普通作文审题相比,除了理解题意等共同点外,还有一个很大的不同点,就是公文必须琢磨公文制发的目的或意图。公文是通过领导布置下来的,要想准确地审题,我们就必须了解领导的意图。

从事文字工作的人员可以说是领导的外脑,真正的大脑长在领导头上。所以说要琢磨领导的意图,外脑要跟着大脑转。当然,当外脑转得比较快的时候,大脑也可能跟着外脑转。

琢磨意图就是一句话,为什么要写这个材料,为什么让我写思想汇报,为什么写经费的申请,为什么写通知。这里面与领导的沟通非常重要,一定程度上决定了我们的公文审题是否正确。就与领导沟通这个问题,笔者有一些体会。具体可以分为三个阶段:

第一个阶段是摩擦期,这一阶段要端正工作态度,虚心向领导请教,多学多看,而不能自以为是,更不能我行我素,给领导脸色看。

有些刚步入工作岗位的年轻人常出现一种情况:就是不能摆正自己的位置,还以为自己是小孩子,是学生,拿自己对待父母家人的态度对待领导、同事,工作中充满"骄娇"二气,动不动给领导脸色看,这是工作的大忌。举个例子,笔者曾经有一位同事给领导写讲话稿,领导找他去改,修改的难度可能有点大,于是,他没好气地扔出一句话,说这是按直接领导的要求写的,自己没法站到该领导的高度来写。结果，你不干还有别人干，岗位和事业从来不会等着你慢慢成长。从此，单位的公文再也不用他写了。

第二个阶段是磨合期，这一阶段要注意揣摩工作该如何开展，文章该怎样写。笔者原来有一位同事，他有一次花了很大气力给领导写了一个讲话稿，结果被放在了一边，领导自己讲自己的。他觉得很委屈，也很受打击。但实际上，是因为他事先没有跟领导沟通好，写的讲稿不符合领导的意思，自己写自己的，花了很大气力却是白费功夫。这显然是不行的。

给你下达任务的人的意图是什么，你不了解清楚就贸然动笔是不可能写好的。比如领导让写思想汇报，那就是想了解我们的思想动态，看看情绪有没有波动。领导想从你的汇报当中得到一些信息，知道你需要哪些帮助，他的工作哪些方面需要改进，这是他的主要意图，有些同志就把领导的意思理解偏了，光说自己好的地方，大讲特讲自己为了工作怎样废寝忘食，怎样兢兢业业，把思想汇报变成了先进事迹宣讲、给自己脸上贴金，甚至有邀功请赏之势。其实，领导都是聪明人，你对领导不真诚，领导能对你真诚吗？你想想，领导得到的这个汇报情况是假的，怎么对你施以教育和帮助？所以说，思想汇报要把自己真实的想法汇报给领导，否则就不叫思想汇报了，那是表面文章了。公文也是一样的，你要思考，问为什么要我写这个东西。如果搞不清楚，可能就做了无用功。

第三个阶段是谋划期，这一阶段要学会筹划，站在单位的立场想问题，把自己想到的写进公文中，把自己的想法变成单位的发展思路，才能更好地融入单位的事业中去。

先想领导之所想，才能让领导来想。起草公文、给领导写讲稿，就要站在领导的位置上、单位机关的立场上，这样的立意才可能对路子。你不站在领导的角度、单位的立场思考问题，写出的公文自然不能代表领导和机关。

2002年，笔者开始给机关起草一些材料、文稿，很直接的一个感受就是写公文一定要着眼单位建设、发展，要有领导的眼光和格局。要对单位的建设进行一些个人的思考,这样写出来的公文才可能有一定高度。2005年,单位组织一个大型歌咏活动,有万余人参加,领导要面对全体人员讲话。领导找我去谈,当时就谈到组织这个活动要围绕什么主题,解决什么问题。经过长时间的讨论,达成了要凝聚全体人员的力量,形成特色鲜明的单位精神的共识。通过那次参与写材料的过程,我深刻地认识到,写公文的过程就是站在单位党委、领导的立场上参与思考单位发展的过程,是一个创造性工作的过程。换位思考、学会站位,是一个写材料的人最重要的本领。

审题还要独到。独到的审题是非常重要的,题目是开放的,是不确定的,但公文是需要有深度的、升华题意的。公文的创造性就体现在独到的审题上,一件事情、一个问题,如果能从一般人看不到的新的角度去分析、提炼和思考,写出的文章就会有新意、有深度。

另外,审题还要分析受众的需求。你要站在接受这个公文的人的角度想一想,他收到这个公文时会怎么想,一定要考虑这些问题。让人拿到公文后一目了然,知道该干什么、怎么干,哪些是重点或关键,有哪些注意事项,这样的审题才算基本完成。

(二) 要明确重点

不管什么类型的公文归根结底就是要解决实际问题,这一特点决定了写公文要明确重点、突出重点,与主题核心无关的材料、可有可无的话都不要有。

真正的公文是要解决实际问题的,能用六个字解决的不要用七个字。历史上,华东野战区给中央领导写信想要办《解放军报》,就二三十个字。如果这二三十个字的公文,领导能批下来,这个公文就成功了。一篇公文涉及的问题无非就是几点:是什么问题?为什么会有这个问题?怎么解决这个问题?比如要写份请示申请经费,那么,重点是写清楚为什么申请这笔经费,拿到这笔经费后怎么使用,即具体的开支明细。

如果写通知,我们要注意区分是法定性的通知还是建议性的通知。要搞清楚,是指定性的每个人必须要来的,还是海报式的,欢迎大家来的。打个比方,比如海报式的,如果没有新意,没有亮点,估计没多少人会来。写任何东西都要把握重点,这样才有可能实现它的效用。

公文写作的重点既与文种规范有关,也与主题主旨有密切关系。

(三) 要精于选材

切题的第三个方面就是要精确选材,材料一定要精选。著名作家魏巍写作通讯《谁是最可爱的人》的时候,在抗美援朝的阵地上采访了3个月,获得了许多新鲜素材,他反复挑选,选择写了20多个他认为特别感人的例子,但给同事们看完后却感到不好,后来就优中选优精选了三件事来刻画一个群体。用他自己的话来说,"这篇东西的经验,又告诉我:一篇东西的目的性,要简单明确。一篇短东西,能把一个意思说透,的确不是一件很容易的事。可是,动起笔来,又总爱面面俱到,想告诉人家这个,又想告诉人家那个。结果呢,问题提得不尖锐,不明确,更别说深入地解决问题。因为哪个意思也没有说透,怎么能给人以深刻的印象呢?我写这篇东西之初,原也想说好几个意思,最后没有那样做。"所以说,精确选材是非常重要的。如果不能说明问题,那就砍去,不能硬凑。

所选材料要具备三个方面特点:

一是对题意有说明作用后,即选择的材料要能与公文的主旨密切相关;无关的材料,不能说明核心的观点的材料,即使很有新意,很生动,也是坚决不能选用的。

二是要选用典型的、能说明问题的材料。在阐明观点、说明问题时,典型材料能增强公文的现实针对性,提升公文的说服力。

三是独创性的选材是比较重要的,怎么做到呢?简单来说,就是别人没选的材料,我选了。材料不要都是老掉牙的,最好有新意,或者是有新角度、新视野。有个老同志过寿,要我写个祝寿词,他要求很高,后来,我在查找资料的时候,注意到毛泽东写给徐特立老先生的一篇祝寿词,我就用上了。为什么用上呢?因为这个老先生出生的那一年正好就是毛泽东给徐特立老先生写祝寿词的那一年,这位老领导出生在1937年。就在这一年,毛泽东为德高望重的徐特立老先生写贺词,我从中摘抄了一段,送给我们的老先生:"你是革命第一,工作第一,他人第一,你是我二十年前的先生,你现在仍然是我的先生,你将来必定还是我的先生。祝你长寿,愿你成为全体人民的模范。"这就是独创性的选材。

所以说,切题很有学问,是公文的基础,也是公文成功的关键,切题是基于基本要求的发展,离开了基本要求是没有发展的,所以说一定要把题意理解清楚,在这个基础上,你去创造,只有这样,我们的公文才能写得好,发挥出它应有的效用。

第五讲
公文写作要认真构思

公文写作是一项思想性、政策性、业务性很强的工作，前文我们讲的公文写作的切题是基本要求，也是很高的要求。为什么说是基本要求？因为如果连切题都做不好，就跑题了。我们都知道，参加高考时如果写作文没做到切题，高考作文就不及格了，如果想在高考作文中拿很高的分数，光一般性的要求还不够，还要往更高的要求去努力。公文就在我们的身边，比如搞科研要写科研论文。科研论文是广义公文的一种，它有些基本的东西是不变的。

本讲我们来讲讲"构思"。构思对公文写作来说是非常重要的。可以说，进入构思就直接进入公文了。公文的成败，起于构思，也终于构思。一篇具体的公文能不能成功，由构思决定。构思好不好，也就直接决定了公文好不好。

以建房子为例，我们要先对房子有个整体的概念，再打地基，然后是一步步地往上垒墙。我们都熟悉国家体育场鸟巢的造型，建设前设计师的结构图实际上就是立意。构思起于立意，没有立意，无法去构思。盖房子是这样，写公文也是如此。所以说，要构思，首先得立意。鸟巢的结构图属于构架，这是公文的第二个层次。立意之后干什么？搭架子。像我们教室的结构，如果说是直接浇灌的话，这么一个空间，中间一定要加一道梁，为什么呢？这是钢筋浇筑，这么长的钢筋，中间不加一道梁，是承受不住这力量的。如果不加梁，则要求钢筋，特别是纵向的钢筋必须是很粗的。如果加一道梁，这个地方的钢筋的直径就减小了。如果学过力学，就明白这个道理，它有剪切力等原理在里面。所以,立意很重要,如建这个房子时,立意就直接关系到打不打梁,那就关系到架构问题了。教室如果很长,那就必须中间有一道梁;如果教室长度在钢筋的承受范围内,就不需要这样架构了,所以,立意直接关系到架构。

一、立意——确保构思的目的性

立意说得通俗一点就是确保构思的目的性。目的是干什么,就是通过立意来实现的。立意,按字面意思解释就是确立意图,弄清"需要写什么",就是通过这个过程弄清楚,而不是"会写什么",我们现在写的作文就是我会写什么就写什么。但是,公文是需要我写什么我就写什么,立意就是解决这个问题的。当然,意图也包括我这个公文的文体,包括具体涉及哪些内容、写的对象、内容有哪些大的原则和具体的事项等等,这都属于立意的过程。我以自己曾经写过的材料《听招呼守纪律树形象》来说说如何立意。

这是单位要求进行的一个教育,起因是上级明确规定周一至周五时间不能喝酒,结果不仅有干部喝酒,还惹了事,因此我打算做个"听招呼守纪律"的主题教育。我们在实践中涉及的公文都是这样的,是指令性居多,没有人闲着没事自己去写公文的。同时,有学生反映个别教师在微信朋友圈发表不当言论,认为教师不能这样说话。两件事汇在一块,加上平时出现的一些其他事情,我就在办公室思考,要贯彻"听招呼守纪律树形象"。这些思考本身就是意图,这些意图要贯彻进来其实就是怎么样把这些意图融会贯通到问题中。基于这样的思考,我草拟了框架,列出了三个标题:

第一,听招呼就是把一切统一于党的旗帜下。第二,守纪律就是把一切纳入到党的视线里。第三,树形象就是把一切紧系于党的形象中。

"一切"代表了什么?你的言行、你的思想都要统一到党的旗帜下,这就是听招呼了。旗帜是干吗的?旗帜是招呼你的。意境也要统一,所以,写东西可不要乱写,搭配都要考虑清楚。为什么要搭这个架子,其实,就是要把一个个事情放进去。你把你的一切都让党看到了,你不就是守纪律吗?你不是你,作为党员,作为党的工作者,你的形象就是党的形象。

好了,这就完成了立意。具体在完成中还需要注意的是:第一,要注意时势性,注意所有的这一切都在改革的大背景下进行的。单位工作的实际、你的考虑,这个就是指令性,要把这些内容,都贯彻进去。第二,就是各项任务的落实。任何教育,离开了具体工作,就没有土壤,我们的脚就飘起来,我们做的事,就是不靠谱的事。所以,我就开宗明义讲了三条,为什么要搞教育,是改革的政治要求,是单位工作的要求,是各项任务落实的需要。把教育的目的要讲清楚。第三,还要注意角色性。我的这篇公文角色性很明显,就是我讲。但是,我们去写公文时,并不一定是自己去讲,就得注意要完成角色的转换。我们写公文,你给哪个领导写的,你就要关起门来当领导,当然,出了门要老老实实做人,不要出了门,还当领导。我们有些人关起门把材料写完了,出了门还当自己是领导。

所以,立意阶段,角色一定要确立好,确立不好后果就会很严重。我记得原单位成立之初,我们办公室宣传处一位同事负责写一篇讲话稿,这位同事文笔很好,也很有经验。我看他在那儿闷头写,写完了之后,他很高兴。送给领导后,领导说挺好,放这儿吧。然后,他想打听打听,领导要不要修改,可领导从来没说要改这个稿子。领导第二天就要讲话了,同事第一天还在跟我们讲,这稿子弄得挺好,领导没让我改,也没退给我,我们也替他高兴。结果,第二天领导讲话了,他说:"机关替我起草了一个讲话,写得很好,但是我今天就不照着念了,这里我结合我的工作实践,讲几条意见,供大家参考。"领导之所以不用这篇公文,其实就是其立意不好。

这就是给大家讲的第一个问题:立意。立意就是确保文章的目的性,就像盖房子一样,框架怎么搭,并不是一开始为了搭框架而去搭框架的,它是为了造一座漂亮的房子而去搭框架的。

二、架构——实现构思的合理性

我以为架构是实现构思的合理性。构思合理不合理,直接是由架构来决定的。其实，有好多写作公文的人就是把构思看成是架构。但是，我以为架构就是架构，它不是构思的全部，而只是构思的一部分，而且我认为，它是构思之要。立意是构思之先，第一步是立意，第二步是架构。

以上课为例，如果一个老师逻辑性很强，从头讲到尾，学生是什么感觉？为什么有些老师讲课，同学上课会打瞌睡？如果我们请一位极其严谨的科学家来上课，假如他不注意生动趣味的话，打瞌睡的人肯定非常多，他是当不了老师的，恐怕只能去当学者。为什么？逻辑性强，滴水不漏，生怕漏了，那就讲得很细。讲得细，讲得准确，就不好打比方、举例子，那听者就容易打瞌睡。所以，一篇讲稿也好，一篇公文也好，它"不是逻辑的闭合，而是逻辑的不错误"，这是我总结的。这句话是指导我们架构的根本原则。起草一篇公文，要确保"逻辑的闭合"几乎很难，那你的公文肯定让读者难以提神，你的讲话也会睡倒一大片。

那么，架构有没有可以供我们参考，供我们临摹的方法？也有，我总结了大概有三种可以供我们架构的方法。

一是平行式。平行式在现实中用得比较多，如通知、指示、要点。"政治工作要点""训练工作指示""训练工作通知"都是平行式，因为它是一项一项工作。如"政治工作要点"：第一条，就是理论武装；第二条，通常涉及教育、党的工作；第三条，干部工作；第四条，通常是把老干部、幼儿园、保卫等放一块讲；第五条，内部建设。这都是有规律的，政治工作一般都这么讲。像训练工作也比较简单，首先将全年的训练要点说一下；然后列条，全年大的几项训练任务一条一条列出来，再加上训练工作的保障、要求。平行式有个原则：平行不交叉。就像我们平时画平行线一样，平行线是不交叉的。实际写公文时，大部分人都会犯交叉的错误，怎么办？这个时候就要把逻辑弄清楚。

二是递进式。政治理论老师讲课基本就用递进式。一般领导的讲话用递进式的也多，主要解决"是什么""为什么""怎么办"，逐层往前推。另外，递进还有多种手法，有时也用"是什么""不是什么"，这也是一种手法。递进式的特点是前后层次是层层递进的关系,或前因后果的关系。调查报告、工作总结、通报常用这种方式。老师讲课、领导讲话用"递进式"的情况较多,主要解决"是什么""为什么""怎么办",环环相扣,逐层往前推。递进式各层次前后联系极为密切,有着严密的逻辑关系,不能随意换次序。如写一篇批评性通报,先写具体情况,再写处罚决定,最后写号召要求,这个顺序是不能颠倒的。

三是总分式。先总后分,先分后总,都是可以的,具体情况具体应用。像毛泽东的《湖南农民运动考察报告》就有点总分的感觉,如讲"糟得很"和"好得很"那一部分,就是将上面讲的那部分,农民运动红红火火,将地主抓起来批斗,有人说好,有人说坏,这个问题究竟怎么看,接下来分析"糟得很"和"好得很",这就是典型的总分。但是,这个总分一定是递进关系,它不是对前面的冲突,而是从前面里抽条出来,这在公文里是常见的。

我发现机关公文有一个大的特点,基本是按照这个来的,但是容易犯一个错误:工整。大多公文都出现这个问题,非常工整。这句话对那句话,这是典型的八股。高明的公文并不是文字的工整,而是意的工整。意的工整是真正的工整,文字的工整是表面的工整。当然,文字能工整,固然好;不能工整,而勉强工整,最后会导致词不达意。

刚才我们讲了架构部分,特别是架构大的部分时的基本方法,那么,通常我们会怎么去架构呢?立意确定后,搞清楚分哪几个部分,然后再确定每个部分里的小部分,这多是在写文章之前要完成的。以编书来说,如果你一开始不规定好三到四级标题,那最后写出来的就是重复累赘的,所以,写之前就要规定好,公文也是一样的。有的公文是分人写的,比如说我第二天要讲话,我找三个人一人写一部分,第二天交给我。如果提前不规定好,那该有多少重复的?但是,公文的分层也是相对的,有时候就一个层次好,比如我们写杂文体的议论文,通常一整篇就写下来了,就像瀑布往下倾泻一样,从头到尾。再比如老师讲课,一级也行,二级也好,但一般不要到三级,否则就层次过多让受众受累,这是一个技巧。

任何公文，无论是大标题还是小标题，都应该有鲜明的观点。如果没有鲜明的观点，这个标题就是不好的标题。标题都应该问或答"是什么""为什么""怎么办"，当然这三个问题可以同时出现。

比如"听招呼守纪律树形象"这个标题，就是回答"是什么"。这个标题表面上看是"是什么"，从概念上说，应该说是一个不准确的"是什么"，从逻辑的角度看，回答得还不够准确，更准确地说是回答"怎么办"。所以，任何标题都是"是什么""为什么""怎么办"的问或答。

有位老同志谈自己学习政治理论的心得体会，他以八个问题来把课程展开：我们的方法？我们的问题？我们的信仰？我们的道路？我们的立场？我们的历史？我们的现实？我们的未来？从头到尾，头头是道。只要你逻辑是顺畅的，以"意"来讲，它就是通的。所以，首先要让人进入"意"中，然后再确认逻辑，可以通过"问"，也可以通过"答"，这对任何标题都适用。

我们再来看《听招呼守纪律树形象》讲稿，看看二级标题，是不是问或答。看看"把一切统一于党的旗帜下"的第一条：坚决对党说真话，这个是根据什么来的？就是我们某些干部，纪委找他谈话了，他还躲躲藏藏的，就像审问犯人一样的，谈了两个小时，才开始说真话。如果对党连真话都不说，你还"三严三实"吗？在"三严三实"的总结报告里，你可没说对党说假话。第二条：以大局为重。你老是想自己的私事，这是在党的旗帜下吗？只有心有大局的人，才能做好工作。标题一定是为"意"服务的，而不是就事论事。所有的二级标题一定要跟第一个大标题相符，"统一于党的旗帜下"第一、第二、第三条，一定是旗帜下的内容，所以公文的要求就高在这儿，它不是无病呻吟。我们现在不少人写东西，写得很好，但是可能一半以上都还处于无病呻吟状态。笔者过去非常喜欢写一些文字很美、意境很美的文章，但随着年龄的增长，现在感觉那些文章有些空，有些矫情。第三条：坚决执行党的决定。这个也是针对事来的：叫你不要喝酒，你还喝酒。

再来看看第二个大标题"守纪律就是把一切纳入到党的视线里"。纪律是个红线，你是不是在这个视线里？再看小标题：第一，"要有铁的纪律意识"。起标题时,习总书记正在讲"四铁"。这就是我刚才讲的"时势性",立意的"时势性"。第二,"要一切按规矩办事",这是很具体的要求。第三,关键还是要"较真碰硬",怎么去落实,关键还是要靠这个。

第三个大标题"树形象就是把一切紧系于党的形象中"。首先要搞清楚我是"什么人",我是党员,所有的人干了这样那样的事,就是没有弄清楚"我是什么人"。只有弄清楚了"我是谁",你才能树立好自己的形象。这是一个基本问题,其实也是哲学上的基本问题:"我是谁""我在哪里""我要往哪里去"。其次"必须在解决问题上下功夫",现在这样那样的问题,形象上出的问题太多了,所以,必须要解决问题。形象问题,"外化于形,内化于心",也是修养问题。所以,最后"必须注重自身修养"。

其实,这九个小标题,都是"怎么办"。总之,任何标题都是"是什么""为什么""怎么办",或者是它们的组合。但是,一定要注意,如果是组合,应该考虑对称的。如果第一个标题是"是什么""为什么",第二个也应该是"是什么""为什么",第三个照样应如此。如果不是这样,那么逻辑上一定理不清楚,也不会理清楚了。有了这些标题就像房子有了框架,人家拿到你的标题,就知道该怎么办了。有时候看公文,看标题就行了。所以,标题就是抓手,直击要害!你把这九条做好了,这样那样的问题就都解决了!

公文的逻辑架构应该是清晰的,但是有些公文却做不到。公文的格式问题一直是个大问题,现在不少公文不合格,漏洞百出,不仅是文字问题,也有格式问题,还有很多是逻辑架构问题。所以,公文看似简单,其实也不简单。

公文如果达不到如上的逻辑架构,通常会出现三种公文:

一是意义公文。"意义"是什么?上下一般粗。中央叫我们怎么做,下面各级机构也叫我们怎么做。任何公文都是有指导性的,都有各级的指令和针对性要求,如果上下一样的话这种公文最终是很难落实的。这种公文最大的特点是抄上面的东西,不涉及实际内容。意义公文的表现就是看完之后,不知道怎么做。比如说在谈到怎么学习时,说我们要"勤学习,下苦功"。这是在讲道理,讲完道理,你还是不知道怎么学习。讲道理其实就是阐述"为什么",这个时候应该是提要求。"怎么学"呢?大学教育有三大任务:知识、思维、修养。学习的很重要目的就是提高修养,而且这是高级层次的,这也是我们的大学最应该追求的。公文也是这样,一定要很明确地告诉我们要干什么。第二个要修养、道德实践。这是很重要的。那么,修养是什么?实践是什么?其实也很简单,犹太人告诉我们"谁是英雄""是那些在欲望面前会克制的人"。就是这么简单,你要告诉学生,一定要节制。千万不要虚化,你要告诉学生有意义的东西。本来应该告诉你们应该干什么,结果被虚化了,学生也不知道干什么。公文也一样,绝不能虚化,虚化就等于没有。这是第一类公文,不接触实际的,它其实是没理清楚究竟是什么。

二是形象公文。简单说,就是没有事情,其实就是没有问题,就是尽说好话,不说坏话。每年的述职报告,其实是让讲问题的,结果四分之三的篇幅在讲伟大贡献,还有十六分之三在讲下一步怎么做。其实,真正的好公文是讲问题的,形象公文是对工作极大的不负责任,某种意义上就是渎职!搞形象公文的人,要么不吃亏,要么吃大亏!所以,一定要务实!丢几票不要紧,丢了别人的性命,断了自己的前途,那会更惨!

三是牛皮公文。这种公文也很多,典型的就是把计划当做法。我计划出来了,就是做法,然后往上级报了。再就是把想法变成经验,我有这个想法了,我就开始拍脑袋变成经验了。喊口号变成重视,喊这个事,就代表我重视了。做事一定要脚踏实地,一定要去现场看一看、问一问,可不是嘴上喊,就说重视了,也绝不能把嘴上喊的,当成已经落实了的。

可以说,如果做公文没有按照公文的架子"是什么""为什么""怎么办"去落实,最终可能就会产生不利的后果。我们周围血淋淋的教训告诉我们,公文不能作假,公文一定要务实。你要把情况如实地反映给上级,你自己做不了,上级帮你查,就不会发生这样那样的事情!

公文能不能写成功?关键是把情况弄清楚了没有,情况融入公文了没有。妙手做文章的前提是妙手干工作,妙手掌握情况,否则是不可能妙手做文章的。2003年，单位召开一个政治工作会议，我所在部门所有同事给领导写材料忙了一夜，但结果是材料交上去后，隔了几天，领导也不找我们，又让其他部门同志重写了。领导最后用的材料就用了我们写了一夜的材料中的一段。为什么，因为我们当时写的材料一点思想都没有，一点问题都没有，全在找上级的文件，找报纸上的东西。如果没有解决问题，公文一定是被枪毙的。所以，一定要记住这些要求，然后把这些要求内化于以后的实际工作中。

三、布点——验证构思的有效性

架构结束后，第三步就是布点。布点的意义重大，直接关系到公文的效果。我们有的老师上完课，总喜欢问学生："上完课后，你还记得我讲的哪些东西？"可能十年后，有的学生对老师说，老师，你十年前说的某句话，我记忆犹新！这个时候，老师肯定会很欣慰。有的老师上了一门课，讲的最精彩的、说到学生心坎里的可能也就几句话。由此可见，布点太重要了，虽然它不像架构那样直接能决定一篇公文会不会被领导采用，但是它直接关系到领导讲完后的效果，关系到公文写作后给阅读者留下的印象。可以看到，公文的布点其实在形成公文时是要一并考虑的，每一个点在架构时都是已经考虑到的。

布点的实质是看点、卖点，文雅一点说就是文眼。我们再回顾一下《听招呼守纪律树形象》这篇稿子，看看是怎么布点的。在第一块"对党说真话"里，我就布了一个点："一些干部、一些学生，组织找他谈话了解情况，他支支吾吾，东躲西藏，东拉西扯，不说真话。"其实听到这话时，我们有些干部肯定要冒冷汗的。"犯了错误他不承认，问他，他还在撒谎。有的给组织写的书面情况还掺假，你这样，让组织怎么信任你呢？对党忠诚，不是嘴上说的，其实更要做好，要从说话开始，要从说真话开始。"这就是布了一个点。让听者冒汗，就是布点。我们再来看看"以大局为重"这块，也布了点，讲到微信，我直接点出来："以微信为载体的自媒体，成了小道消息的源头和载体，扪心自问一下,你写过、转发过、听信过吗?"所以,这种布点,要直击问题。后面还很多,我还把我工作中的心得放在这儿作为一个点:"有一句老话,你把组织交给你的事做好,让组织放心,你把你的事可以放心地交给组织。如果你整天想着自己的事,那还要组织替你操心干什么?"其实,这是一个哲学问题。有的人口口声声说自己讲政治,却干着不讲政治的事情。还有些人把检举揭发当儿戏,听风是雨、捕风捉影,动不动就给单位主要领导或上级机关写封信。有的信反映的情况与事实情况出入很大,属于诬告,是要被处分的,你可以反映情况,但不能诬告!有的人为了检举、造假,用别人的电脑或邮箱发举报信,这是明显的陷害。这些都属于违法行为。

所以说布点、设点,非常重要,关系到一篇公文能不能成功。当然布点的形式很多,一句话、一个故事都可以是一个点。如"你把组织交给你的事做好,让组织放心,你把你的事可以放心地交给组织",这是一个辩证关系,矛盾的两个方面的对立统一,这就是一个思考。无论怎么说,一句话、一个故事、一个思考,通常都是意图的贯彻。布点是意图的贯彻,只是你要想方设法把这些事情贯彻到文字,变成生动的东西,让听众记住。

布点的作用是警觉,给人一种脑洞大开的感觉,让读者受到启发。布点的方法很简单:创造属于自己的文字。我不止一次说过,要学会创造属于自己的文字。那么,怎么才能创造属于自己的文字呢?我以为要有四种思维:

一是纵深思维。比如有这样一句话:"教育者必须自己先受教育。"话确实没错,从中央到地方,一直是这么提倡的。但是,这句话有点老套了!我们过去早就受过政治教育了,以后就不要再接受教育了吗?因此我修改为"教育者自己必须始终在教育中"。这就是纵深思维,往前再走了一步。

二是求异思维,即跟别人不一样的理解。凡事我们要有自己的思考,要争取多角度看问题,跟别人有不一样的理解。如我们常说,"己所不欲,勿施于人",但也有"己所欲亦勿施于人"之论。这样才可能会把一个问题看全面看清楚。

三是发散思维。比如我写的《到那边也是共产党员》,就是利用发散思维。发散一定是某一点的发散,而不是无缘无故的发散。我们平时看到的大多数文章很发散,但是还缺少点东西,即思想,缺少思想就没有什么亮点。发散思维一定是有思想贯穿的,离开了思想的发散,最终肯定实现不了它的目的。

四是逆向思维,这是很重要的思想。爱因斯坦获得了1921年的诺贝尔奖,并非是因为相对论,而是因为他成功地解释了光电效应。很多人说,这很冤枉,没有意义,对爱因斯坦也不公平。后来笔者写了一篇文章《诺贝尔奖授错了吗》,诺贝尔奖授予爱因斯坦根本没有错,因为无论是广义相对论还是狭义相对论名气都非常大。授予光电效应诺贝尔奖意义重大。因为当时光电效应产生的争论是很大的,授奖其实推动了光电效应理论的完善发展。如果没有爱因斯坦的推动,可以说量子学术要发展到今天这个程度是很难的。最先发现该理论的是赫兹,但他并没有进一步论证该理论。爱因斯坦站提出光电子假设,成功解释了光电效应,推动了量子科学的发展。

第六讲
公文写作要精炼语言

上一讲我们讲了公文的构思，构思包括立意、架构、布点。在架构中有个关键点，就是任何公文的标题都是由"是什么""为什么""怎么办"构成的。本讲我们来学习公文的语言。

语言是文章的第一要素。不同内容、不同功能、不同体裁的文章所用的语言也各有特点。公文属于应用文体，用于党政机关、社会团体和企事业单位处理各种公务，是推动公务活动开展的重要工具。公文具有一般文章的共同语言特点，更有区别于其他文体的语言特点。公文的语言有哪些特点呢？

一、准确

准确是公文语言的第一要素和本质要求。公文语言的其他特点都是以它为前提的。叶圣陶先生说过："公文不一定要好文章，可是必须写得一清二楚，十分明确，字稳词妥，通体通顺，让大家不折不扣地了解你说的是什么。"要想做到准确，最重要的一点首先是要事实准确。

（一）事实准确

公文是各级、各类组织在开展各项工作时的重要依据，所以文中所涉及的事实必须与实际情况相符，不能夸大或缩小，更不能歪曲和编造事实。

实事求是是我党的思想作风，也是我们做好一切工作的基本条件。具体到公文的写作中，就是要求我们首先要确保公文事实的准确性，因为这是做到公文准确性的前提。这与文学作品的写作是有区别的，文学作品为了反映生活本质,可以对所写的人与事进行艺术上的改造和加工,甚至可以完全虚构。而公文反映的是公务活动中的客观事实,它涉及的人物、事件、时间、地点等必须绝对准确,任何一个细节都不允许失真,否则就会给我们的工作带来不可想象的损失。例如《中国青年报》上曾发表过一个通讯:浙江省青田县平山村村干部为解决经费问题,在乡干部的指点和默许下,把原本牢固的小学校舍卖掉,让学生们到濒临倒塌的危房去上课。而在当年11月的省、地两级教育"双验收"的汇报材料中却写道:"乡党委发动群众干部自力更生,集资建校,在上级没有拨款的情况下,一个穷乡三个村建校。平山村建教室2个,建筑面积166平方米。"7个月后,这个被汇报为新建教室的破旧危房在一场大雨中倒塌,造成6死、16伤的惨剧!有人曾说"笔下有财产万千,笔下有毁誉忠奸,笔下有是非曲直,笔下有人命关天",无数实践已证明这绝不是危言耸听。遗憾的是这些惨痛的教训并没有引起所有人的警觉和重视,不尊重客观事实的做法仍然在个别地区和单位中出现。现在一些地方数字造假成灾,以此来换取某些人的业绩、名誉或晋升。这些现象被群众归结为:"数字出官、数字出模范、数字出业绩。"类似这样的一些欺上瞒下、不实事求是的不良作风和风气已经给我们党、国家、单位带来了很大危害!我们痛定思痛:事实的准确是公文的生命,也是公文写作工作者必须遵守的指导思想和工作原则。

(二)用语准确

公文要求用最准确的语言、最精炼的文字来表达发文机关的意图。公文只有语言准确才能如实反映客观事物、如实传达发文机关的意图,使收文机关正确地理解公文的内容,从而顺利地贯彻执行或及时批复。公文语言一旦不准确,轻则败坏机关名誉,重则给工作带来不可弥补的损失。

公文在用字、遣词、造句上都要细心揣酌,反复推敲。语言准确,对公文来说,至关重要。那么怎样才能做到语言准确呢?

首先,语句不能有歧义,否则就会让人费解,不知所云,如"一边站着一个孩子,年纪不大",这里的"一边"容易有歧义,既可以指"两侧",一边站着一个,那就有两个同学;也可以指某个物体的"一侧",就只有一位同学。公文的语言如果有歧义,就会让读者捉摸不定,对公文内容产生不一致的理解,进而行动上出现差错。

其次,遣词要贴切,准确表达用词的性质与分量。著名法国作家福楼拜说过:"我们不论描写什么事物,要表现它,唯有一个名词;要赋予它运动,唯有一个动词;要得到它的性质,唯有一个形容词。我们必须继续不断地苦心思索,非发现这唯一的名词、动词和形容词不可,仅仅发现与这些名词、动词、形容词类似的词句是不行的,也不能因为思索困难用类似的词句敷衍了事。"这话对于文学创作来说是适用的,对于公文写作,也是比较确切的。公文的选词、用词非常严格,甚至到了苛刻的地步。特别是我们汉语的同义词和近义词非常多,即使是同义词,细细分辨起来还是有些微妙的差异。在写作时到底用哪个词,不用哪个词,这就要求我们要精心辨析每个词的确切含意、范围大小、程度深浅、分量轻重,只有这样才能恰到好处地准确用词。在这一点上,周恩来总理在1954年4月28日在日内瓦会议上讲话中的一段文字是一个极好的范例:"我们认为,美国这些侵略行为应该被制止,亚洲和平应该得到保证,亚洲各国的独立和主权应该得到尊重,亚洲人民的民族权利和自由应该得到保障,对亚洲各国内政的干涉应该停止,在亚洲各国的外国军事基地应该撤除,驻在亚洲各地的军队应该撤退,日本军国主义的复活应该防止,一切经济封锁和限制应该取消。"这段话由于运用了排比的修辞手法,显得文正词严、气势磅礴,从措辞角度讲堪称典范。其中有三组意义相近的词:"制止、停止、防止""保证、尊重、保障""撤除、撤退、取消"。这些词语都运用得极其精确。如果相互交换一下位置,就不会这样准确、贴切、到位。再来看,《国务院关于支持河南省加快建设中原经济区的指导意见》一文:首段"地理位置重要,粮食优势突出,市场潜力巨大,文化底蕴深厚",连用四个排比陈述短句,准确选择地理位置、粮食优势、市场潜力、文化底蕴四个方面,按照在全国范围内的影响程度由高到低的逻辑顺序,通过"重要、突出、巨大、深厚"等恰如其分的评价词语和相应主谓搭配,把中原经济区的优势全面、客观、有序、恰当地表达出来,堪称公文语言准确美的典范。公文的用词就应该达到这样炉火纯青的地步。

最后,用字要防错,数字要精确,以保证公文不出现错漏现象。在写作实践中,经常发现由于作者的粗心大意造成公文中的错漏现象。如学生作业中,出现频率较高的错别字是:"已和己"不分,"辨与辩"不分,"拨和拔"不分,"启事与启示"不分等等。还有很多人对汉语中的"地""的""得"分不清,常常用错。这在公文写作中都是不允许出现的。在公文写作中,有时写错或用错一个字,意思就可能完全不同,甚至给工作带来不可弥补的损失。在中国近代史上有这样一个真实的故事:1930年,阎锡山、冯玉祥、蒋介石混战中原,冯、阎拟联合讨蒋,预定在沁阳会师。冯玉祥的军事秘书在撰写作战命令时,误把"沁阳"写成了"泌阳",而距离沁阳百里恰有一地叫泌阳,结果,冯军误入泌阳,贻误战机,导致讨蒋失败。这场战争也被人们称为"败在一撇"上的战争。真所谓"差之毫厘,失之千里"。有些公文当中引用数字时多写一个"零"或少写一个"零",一差就是十倍。如果把"十万"错成"十",则是万倍之差。所以,我们在写作时,一定要认真仔细,尽量排除这种疏忽错漏的现象。

二、简要

简要即公文的语言要简明扼要。这是古今中外人们一致的看法。刘勰在《文心雕龙》中讲:"文以辨洁为能,不以繁缛为巧。"我党历史上,为了整顿公文写作中出现的不良风气,甚至特意进行了整风运动。1942年2月8日,毛泽东同志专门做了《反对党八股》的演讲报告。"党八股"指革命队伍中某些人所写的文章。这种文章对于事物不加分析,只是搬用一些革命的名词术语,言之无物,空话连篇,如同"八股文",所以称为"党八股"。"有些同志在前方也喜欢写长报告。他们辛辛苦苦地写了,送来了,其目的是要我们看的。可是怎么敢看呢?"毛泽东同志在《反对党八股》一文中,就要求"我们应该研究一下文章怎样写得短一些,写得精粹些"。《反对党八股》《改造我们的学习》《整顿党的作风》,是整风运动的基本著作,也是发动全党整风运动的动员报告,体现了党对文风的高度重视。对于这个问题,周恩来同志在20世纪50年代也曾中肯地提出:"文字含糊而不清楚,笼统而不明,错杂而不准确;文法混乱而无条理,错误而不通;文义常不合逻辑,更缺少辩证;文风则生硬僵化,不生动活泼。这是今日一般文件的通病。"今天读来,仍亲切入耳,切中时弊。

(一) 要开门见山,不要绕山绕水

有些公文,不论内容如何,开头总是"在……领导下""在……亲切关怀下""在……大力支持下""在……的形势下";总结则千篇一律,总是"让我们……吧""只要……一定……",中间则赘语成串。

别林斯基说过:"假如第一行落笔太远,那么这篇论文一定是废话连篇,离题万里;假如第一行就接触事件,那么这篇文章就是好文章。"公文写作更是这样。

"开门见山"是使公文写得集中、精炼、明快的基本技法之一。"开门见山法"其特点是先论点、后论据,即从公文的开始,就把结果、结论、目的提出来,然后再讲过程、情况、理由。这种技法,不仅公文一开头要用,而且凡有若干层次或段落的公文,在每个层次或段落也要使用。

毛泽东同志曾经说:"一切较长的文电,均应开门见山,首先提出要点,即于开端处,先用极简要文句,说明全文的目的或结论,唤起阅者注意,使阅者脑子里先得一个总概念,不得不继续看下去。"[①]而要避免写那些空洞的长文章,因为这种文章"没有什么内容,真是'懒婆娘'的裹脚,又长又臭"[②]。

(二) 要干明叶茂,不要十干一叶

相传北宋诗人王祈,年轻时很自负。一天,他来到竹园赏玩,但见青竹丛丛,枝叶翠翠,不由得写出一联:"叶垂千口剑,干耸万条枪。"写后仔细玩

---

① 见毛泽东1951年1月主持制定的《中共中央关于纠正电报、报告、指示、决定中的文字缺点的指示》。
② 《毛泽东选集》,北京:人民出版社,1991年第二版,第三卷,第834页。

味,颇觉得意,便拿给朋友看,得到夸奖后更是自鸣得意,于是将其挂于中堂,并夸下海口:"有能挑剔我一字者,愿以十金相酬。"几天过去了,竟无一人挑剔,王祈见状更是神气万分。谁知到了第八天晚上,苏东坡突然前来串门,看完此联后沉吟不语。王故作谦逊地说:"久仰尊师大名,如雷贯耳。晚生诚望指教一二。"苏轼开门见山地说:"好虽好也,十干一叶。"王祈一听,瞠目结舌,羞愧地摘下了对联。"十干一叶"的故事虽系传说,但里面借苏东坡之口的批评却发人深省。

今天,在公文写作中,仍然不乏那种空讲道理、空提任务、空表决心、空下结论的文稿。类似有干无叶或干多叶少,使人看来干瘪无味,不着头脑。

(三) 要简明朴实,不要叠床架屋

在公文写作中,常见的另一种现象就是叠床架屋、重复累赘。归纳起来,大致有如下几种情况:一是意义上的重复。这种情况比较常见。我们平时说话或写文章不注意就会出现这种现象。比如"各位同志们""涉及到""必须要""大浩劫""继续进一步"等,这些词汇中的语意是重复的。二是外延不明。比如"反映了情况和问题""学习有关政策的规定"等等。三是语法意义不清。如"最最坚决拥护""非常非常热爱""对重大问题要尽快查处"等等。四是有语病。如"通过学习以后他已认识到……""仅一年时间内就实现……""截至五月底为止已完成……",我们稍微留意就会发现这些句子在公文中可以说是屡见不鲜。这些错误表达我们在口语中可能会常见,但在书面语言特别是公文中要特别注意,绝对不能出现。

三、平实

公文语言与文学作品的语言迥然不同,它主要是借助于明确的概念、准确的判断和严密的推理来传递公务信息和反映事物的本来面目。需要直陈其事,直截了当地把意思表达出来。不用刻意地追求形象和生动,否则就难以实现公文所要达到的目的。这里讲的平实指的就是公文的语言一定要朴实无华、言之有物,不矫揉造作,浮华艳丽,由此才能使人易懂践行。

（一）不溢美，不虚饰

溢美、虚饰是公文语言的大忌，过多溢美、虚饰的文章不仅使公文显得虚泛、空洞，失去说服力，而且易形成一种装腔作势、矫揉造作的文风。比如这句话："我厂去年借助外部东风，生产一度像凌云燕子，飞向蓝天。曾几何时，由于政策变化不落实，今春以来却又像冰山融化，江流直下，一泻千里。"还有如"一片汪洋，顿成泽国""赤地千里，颗粒无收"等。就让人觉得浮夸，有损公文的客观平实、严肃严谨的文风。

还有的公文言辞空洞轻浮，例如："一把手亲自抓，班子委员人人抓，分管委员认真抓，主管部门直接抓，有关部门配合抓，基层组织层层抓。"这些语言，也许其作者还颇为得意，认为自己总结了经验，写出了文采。其实这些话都是些虚饰之辞，也谈不上文采，不仅不会让人觉得好，甚至会让人生厌、反感。因此，作为处理公务的文书，一定要符合公文语言特点，摒弃一切浮华的辞藻。

（二）不生造词语

公文是各级机关办理各项事务的依据。公文在语言方面首先要求平实易懂，应力求大众化，避免使用生僻晦涩或只有作者自己才懂的语句，否则必然会影响到公务的有效办理。在《现代汉语词典》中都查不到，普通话语中也没有的词语，可能只有作者能明白其含义，都属于生造词。这样的词语在公文里出现，会损害公文的权威，削弱公文办理公务的作用。

近年来公文或领导讲话新出现的"组词"有：研判、培树、培塑、稳控、急控等。这些词一般表达两层意思，应该用两个词表达，把两个词的首字合起来，组成一个新词。这在原来的汉语词汇中是没有的。但是用的次数多了，也就成为一个词了。有的词只有业内人士知道，圈外人就不懂得什么意思了。过去出现的"深钻细研""紧跟""严跟""实跟"就属于此类。

（三）不要过多地引经据典

不管哪种公文，都具有一定的广泛性和群众性，这就决定了公文的语言不仅应当注意约定俗成，而且需要做到雅俗共赏。一些人在公文写作过程中，喜欢引经据典地说明自己的观点，这在一定条件下是允许的，可以增强语言的表达效果。一般而言,引经据典仅限于一些事务性公文中,如领导讲话、调查报告等文种。在通用性公文中一般不宜引经据典,特别是在庄重严肃的公文中,如请示、命令、通告、批复等中是不宜使用的。

四、规范

公文是用来处理公务的,是"代机关立言",具有强制力和约束力,这种强制力和约束力表现在公文语言上,就是必须用规范的语言来体现国家机关或一定组织处理公务时所必须持有的严正立场和严肃态度。

(一) 用规范化的书面语言

一般文章,尤其是文学作品,为了追求表达效果,常用口语(包括方言、歇后语等)。而公文的语言要求庄重严肃,一般不能使用口语,只能使用现代汉语的规范化的书面语言,否则会破坏公文的语言风格。特别是如命令、指示、决议等指令性、法规性很强的文件更是如此。如"改革开放后,农民日子就像吃甘蔗由尾吃到头越吃越甜。"这是口语。要把这样的意思写入公文,就得改为:"改革开放后,农民的日子越过越幸福。"这是书面语言。虽然口头语言和书面语言的意思没有什么差别,但后者比前者要庄重、严肃。

1. 一般不用方言

公文语言与文学作品语言不同,文学作品中是可以用方言的,有些作品为了营造地域特色、刻画典型人物等,使用方言发挥重要作用。公文则一般不使用方言。如经典名著《红楼梦》中就多处使用方言,现在不少人就通过方言试图考证其作者到底是谁。

第二回:堪堪又是一载的光阴。

第二十二回:贾母深爱那做小旦的和那做小丑的,因命人带进来,细看时,益发可怜见的。

第三十四回:"好妹妹,你不用和我闹,我早知道你的心了,从先妈妈和我说:'你这金锁要拣有玉的才可配',你留了心,见宝玉有那劳什子,你自然如今行动护着他。"

"做阔全凭鸦片烟,何妨做鬼且神仙。闲谈不说红楼梦,读尽诗书是枉然。"清代得舆写的这首《京都竹枝词》,反映《红楼梦》在当时脍炙人口。文学作品使用方言能很好地增强其感染力,公文要求语言规范,一般是不能使用方言的。但这一点也不是绝对的。有些方言生动形象,在群众中流传较广,能够让读者心领神会,也是可以用的。毛泽东同志是文章大家,他的文章可以说是嬉笑怒骂皆成文章。在《反对党八股》中他就运用一些俗语、成语、方言,比如"到什么山上唱什么歌""看菜吃饭,量体裁衣""对牛弹琴""得胜回朝""懒婆娘的裹脚""洗脸、照镜子"等等。这些语言拉近了与读者间的距离,把道理讲得深入浅出、通俗易懂,使文章妙趣横生,富有吸引力。

2. 慎用口语

公文写作要使用书面语言,少用或不用口语、俗语。生活中,很多的口语、俗语不够庄重,如果用在公文中,会大大削弱公文的严肃性和权威性,但公文写作也要追求生动、形象。斯大林曾说:语言随着社会的产生和发展而产生和发展。语言随着社会的死亡而死亡。社会以外是没有语言的。因此要了解语言及其发展的规律,就必须把语言同社会的历史,同创造这种语言、使用这种语言的人民的历史密切联系起来研究。

在毛泽东同志起草的大量公文中,是非常注意有关口语、俗语的使用的,这样能把深奥的革命道理通俗易懂地告诉给广大干部群众,如《湖南农民运动调查报告》中用了不少口语:

"我出十块钱,请你们准我进农民协会。"小劣绅说。

"嘻!谁要你的臭钱!"农民这样回答。

好些中小地主、富农乃至中农,从前反对农会的,此刻求入农会不可得。我到各处,常常遇到这种人,这样向我求情:"请省里来的委员作保!"

前清地方造丁口册,有正册、另册二种,好人入正册,匪盗等坏人入另册。现在有些地方的农民便拿了这事吓那些从前反对农会的人:"把他们入另册!"

那些人怕入另册,便多方设法求入农会,一心要想把他们的名字写上那农会的册子才放心。但他们往往遭农会严厉拒绝,所以他们总是悬心吊胆地过日子;摈在农会的门外,好像无家可归的样子,乡里话叫做"打零"。总之,四个月前被一般人看不起的所谓"农民会",现在却变成顶荣耀的东西。从前拜倒在绅士权力下面的人,现在却拜倒在农民权力之下。无论什么人,都承认去年十月以前和十月以后是两个世界。

虽然公文中也可以用口语,但一定要谨慎,要遵循合理性为原则。

3. 禁用网络语

当前随着网络的发展产生了许多网络语言,生活中也有不少人运用,但这些语言绝对不可以用到我们的公文中。因为这些不是规范的语言,使用会影响公文的权威性。"MM""酱紫""坑爹啊""我勒个去"等网络流行语言要与国家机关公文、教科书"绝缘"。我们要根据《中华人民共和国国家通用语言文字法》规定保持公文语言的严谨、规范。

(二)用规范化的公文专用语

在办理公务的实践中,逐渐形成一套常用的公文专用语,并且已基本趋于定型化和规范化。专用语言简意赅,便于表达公务活动中的有关事宜,易为人们理解领会,使用位置也相对固定,在公文语言中占有重要地位,具有很强的生命力。

公文有一批专用词语,例如,公文的开头常用用语:如"兹(兹有、兹经、兹因……)","据(根据、遵照、按照、据悉、据查、据了解、据反映、据核实……)","经(经查明、经研究、经审查、经会议讨论通过……)"等,还有"为了、鉴于",主要是说明公文的发文缘由、目的。文中有些表示谦敬的用语,如"承蒙(承蒙协助、承蒙惠允)、不胜(不胜感激、不胜荣幸)"等;表示总结概括的用语,如"总之、综上所述、据此、对此、为此"等。文末有一些表示期待、态度的用语,如"请遵照执行、参照办理、拟、准予""同意、照办、即办、当即执行、坚决贯彻"等,"请(务请、拟请、恳请、请求、盼、当否、请批示……)"等,结尾还有一些特定用语,如"此(此令、此复……)、特此(特此通知、特此通报、特此函达、特此函告、特此报告……)"，"希、望、盼(希予、希将、希望、希遵照执行、望贯彻落实、盼即妥善处理、盼复……)"等等。这些公文专用语，体现了公文语言的严谨、庄重，反映了公文语言的特殊风格。总之，公文语言的准确、简明、平实和规范的特点，不是孤立存在的，而是相互联系的，统一存在于一份公文的整体之中。因而撰写公文的时候，用字、遣词、造句都要体现这些特点，不能顾此失彼。要做到这些并不十分容易，但必须努力做到。

我们怎么才能做到公文的规范用语呢？还是借用陆游的那句老话："纸上得来终觉浅，绝知此事要躬行。"要多写、多练，而且要反复修改。前文说过，毛泽东是公文大家，他的许多经典公文都是反复修改成稿的。他在《反对党八股》一文中指出："孔夫子提倡'再思'，韩愈也说'行成于思'，那是古代的事情。现在的事情，问题很复杂，有些事情甚至想三四回还不够。鲁迅说'至少看两遍'，至多呢？他没有说，我看重要的文章不妨看它十多遍，认真地加以删改，然后发表。文章是客观事物的反映，而事物是曲折复杂的，必须反复研究，才能反映恰当；在这里粗心大意，就是不懂得做文章的起码知识。"功夫到了，你的公文将会在实践中发挥重大作用。

第七讲
如何练就公文写作素养

公文写作是一项重要且严肃的工作。应该说,无论是公文写作的目标要求,还是好公文的标准,都对公文写作者提出了很高的要求,也就是写作素养的要求。公文写作者的素养如何,不仅影响公文撰拟制作的质量和公文效用的发挥,影响机关办事效率的高低,甚至在一定意义上体现了所在机关和领导的业务水平与工作能力。

一、公文写作素养的主要构成因素

公文写作为奉命而作,要代表领导和机关说话,为指导工作服务。这些特性决定了公文写作的主体必须具备政治理论、文化知识、写作能力等多方面的素养。笔者认为公文写作者素养构成主要包括以下几个方面。

(一)良好的政治素养

"政治素养"这个词,大家并不陌生,但熟知不代表真知。政治素养是人们从事社会政治活动所必需的基本条件和基本品质,包括人的世界观、人生观、价值观等方面的内容。政治素养是个人的政治方向、政治立场、政治观念、政治态度、政治信仰、政治技能的综合表现。良好的政治素养是对公文写作者的基本要求。公文写作者总会按照一定的认知和道德标准去评判生活、人物,衡量是非曲直。政治素养决定着公文本身的政治倾向,是正确感知、体验、理解和判断分析现实生活的基础。

公文写作者需要具备良好的政治素养,是指写作者要有坚定的政治方向、政治立场,敏锐的政治洞察力和政治鉴别力,严明的政治纪律、政治规矩，高尚的道德观念、思想品质。

有时候，我们从正面讲一个东西是什么感到很费劲，这个时候可以从对面着手，通过批驳错的来说明什么是对的会容易一些。

以人为镜，可以知得失。政治素养的高低不仅决定着工作成就的大小，而且决定着政治生命的长短和人生成败。

当然，政治素养要内化于心，每个人心中都要有规矩意识。习近平同志要求各级领导干部要牢固树立纪律和规矩意识，心中有党、心中有民、心中有责、心中有戒。"心中有党、心中有民、心中有责"属于肯定方向，"心中有戒"属于否定方向。前者要求在思考和处理问题时将党的利益、人民的利益、自己的职责放在最为重要的位置上优先考虑。后者要求在思考和处理问题时避开和远离一些事物，明白不该想、不该做的内容是什么，明白为人为政的边界在哪里，明白越过界线的危险是什么，从而常存敬畏之心。肯定方向上包含着"鼓励去做的"和"要求必须去做的"两个层次。"鼓励去做的"指的是较为高远的目标，可以达到也可以达不到，达到固然可喜，达不到亦属正常。对于焦裕禄等榜样人物的学习就属于这一类。"必须去做的"是指自己的职责所在，不做就是失职渎职，就要被党纪国法追究责任。否定方向上也包含着"限制去做的"和"禁止去做的"两个层次。"限制去做的"是指在一定幅度之内允许去做，但如果超过限度就要出问题、犯错误。习近平说："对个人的名誉、地位、利益，要想得透、看得淡。""禁止去做的"就是绝对不能碰触的事物，一旦碰上就可能落下悬崖、无法救治。习近平说："党的纪律是刚性约束，政治纪律更是全党在政治方向、政治立场、政治言论、政治行动方面必须遵守的刚性约束。"除了党纪，国法当然更是绝对不能违背的约束力量和警戒线。

公文写作者具有良好的政治素养，才能保证公文符合政治要求。

公文大多具有一定的机密性，这就要求公文写作人员必须具有十分坚定的保密观念，不该说的话坚决不说，决不能卖弄"小聪明"，做"小广播"。

公文要求实事求是，一切从实际出发，正确反映事物的本来面貌，理论联系实际,一切依靠群众,一切为了群众。公文写作人员要有求实精神,一是一,二是二,不虚不浮、不骄不躁。

(二)独立的思维品格

苏联生理学家巴甫洛夫将气质的社会类型分为思维型、艺术型和中间型三种。思维型的作者适合在逻辑思维的天地里开创天地。艺术型的作者似乎更适合在形象思维的境界里发挥作用。介于上述两者之间的则属于中间型。公文写作者就属于这一中间类型。逻辑思维与形象思维的和谐统一,使得中间型作者可以发挥其兼有之优势,融说明、议论和描写、叙述及抒情于一体,成为写作上的"两栖"人才。公文写作作为以抽象、逻辑思维为主的写作活动,要求公文写作者不仅要具有艺术型的气质,以增强公文表达的形象性,但更重要的是要具有思维型和中间型的气质。

笔者理解,公文需要的独立思维品格是逻辑的,也是人文的,包含了抽象逻辑思维,也包括艺术的成分,没有逻辑固然没有公文,但没有人文的公文则是冰冷的公文,常常会失去"人民性",在一定程度上可能更可怕。

(三)较高的理论素养

公文写作是一项政策性、理论性都很强的工作,这就要求公文写作人员必须具备一定的政策理论水平。公文写作离不开政策的指导和保证,因此政策的实施效应与公文质量密不可分。在一定程度上,公文写作就是执行政策、依靠政策、理解政策、表达政策的过程。因此,公文写作人员必须具有较高的政策水平,并且做政策的自觉维护者和执行者。政治理论水平的高低一定程度上直接决定公文写作的成败。较高的政治理论水平对提高公文写作人员正确的分析、综合、判断、推理、比较、抓住本质、鉴别是非曲直的能力都起着非常重要的作用。没有较高的政治理论水平,是写不好公文的。

(四)较好的文字功底

公文最终是通过语言文字来表达的。在公文中,谈事说理、表情达意都需借助于文字才能发挥效用。因此,公文写作者必须具有较好的文字功底。我们经常会看到有的公文繁杂冗长、拖泥带水,有的公文言之无物、味同嚼蜡,这些都是文字功底不扎实的表现。好的公文,应该主题鲜明、观点正确、论证合理、论据充分,使人一读就懂,一听就明,便于理解执行。

(五) 熟练的业务能力

好的公文写作人员应该熟悉领导和机关工作情况,具备良好的业务知识。每个单位的业务范围不同,具体工作不同,如果不了解单位的实际情况,又不懂业务知识,就很难写出合格的公文来。

(六) 丰富的知识背景

公文写作人员应当具备广博的知识,不仅要具有一定的社会科学知识和自然科学知识,还应该紧紧围绕自己服务的单位部门的工作内容,努力拓宽知识面。如果知识面窄,或对所服务的工作缺乏应有的基础知识,写作起来就很可能说外行话、闹笑话,甚至造成指挥不当,影响公文质量。一个公文写作者的文化素质应该是多方面的,除了政治理论知识、公文写作专业知识外,还应该具有比一般人更广泛的文化知识。公文写作者良好的文化素质能扩大公文作品所蕴含的信息量,提高公文反映问题的深度和广度。同学们听课的时候,都希望老师讲自己未知,但又应该知道的内容。公文受众也是这个心理。

(七) 健康的写作兴趣

"热爱是最好的老师。"公文写作是一种复杂而艰苦的精神劳动,如果没有对公文写作的强烈兴趣,是很难写出佳篇力作来的。兴趣是指一个人经常趋于认识掌握某种事物,力求参与某项活动,并且有积极情绪色彩的心理倾向。公文写作者的个人兴趣对他写作过程中的材料选择与主题提炼、内容的倾向性和生动性及风格的形成都有直接影响。因此,公文写作者具有广泛、持久、深刻、健康的兴趣,才有可能写出好的公文作品。写公文一定要站在接受者一方考虑,除了要具有写作兴趣,也要有写作之外的兴趣,要热爱生活,要热爱所遇见的一切,平时对工作、生活中的事要多琢磨、推敲,这样写出来的公文才能成为真正的公文,才能成为大家的公文。

二、公文写作素养的形成

对于公文写作人员来说,培养公文写作素养是一项复杂的系列工程,非朝夕之事,必须要有长期的积累。这种积累包括很多方面,笔者认为,至少要囊括实践、学习和思考三个方面。

(一)实践的积累

诗人雁翼说过:众所周知,社会实践是人类一切认识活动的目的和归宿。公文写作者素质的培养同样离不开社会实践。公文写作者的素质培养只有以社会实践为基础,才能够充分发挥公文这种作为社会管理工具的效用。人民的革命斗争,社会的现实生活首先把我"塑造"成了这么一个人,然后,我才有可能把我被塑造过程中众多的感受和材料提炼、概括、改造升华。他的经验之谈说明了社会实践与创作的关系。

公文是工作之文,离开工作实践谈公文不可想象。公文写作是以解决实际问题为目标的,必须从实践出发,实事求是地反映情况和问题。公文写作者只有亲自参加社会实践,才能达到公文写作求真求实的目的,除此以外别无他途。当然,公文写作者对社会实践生活感受有深有浅,感受能力有高低之别,这也是公文水平有高有低的一个重要因素。

笔者个人认为:实践是公文之母,公文写作者首先应当是实践家。它起于实践又服务实践。

"纸上得来终觉浅,绝知此事要躬行。"来自群众的东西,来自实践的东西,往往更可靠,更有说服力,用以指导实践,也更有针对性。

历史上公文写得好的大手笔几乎都是实践家,如诸葛亮、王安石、司马光,现代我们党的实干家,如毛泽东、邓小平、胡乔木等也都是写作公文的大家。

当然,现实中也有些人工作实践水平不高又自以为是,公文也能写得头头是道,但这种公文充其量不过是花拳绣腿,经不起实践的检验,有的甚至会误事。但也有人实践能力不强,公文写得好而且管用的,这些人一定是把自己实践中的问题看得很清楚。只有把自己的问题看得清楚以后,在实践中的教训也会成为接下来实践中的经验。也有实践能力强的人,公文水平一般。这不奇怪,公文除了实践能力之外,还有其他能力要求,前面我们讲过了,特别是理论素养、思维品格、文字功底、知识背景等方面有欠缺的话,都很难写出好的有执行力的公文。

(二) 学习的积累

公文写作者素养的提高,除了深入社会生活,坚持社会实践外,还要注重学习,努力扩大自己的阅读面,不断积累和更新自己的知识,这一点特别重要。学习的积累包括以下几个方面:

一是要精读公文名篇特别是经典著作,重点是用心钻研马列主义、毛泽东思想、中国特色社会主义理论体系、习近平新时代中国特色社会主义思想。理论源于实践又反作用于实践,没有正确的理论指导的实践活动必然是盲目的甚至是有害的。公文写作是综合性很强的实践活动,同样需要理论的指导。通过学习,不仅可以培养公文写作能力,从中学习公文写作方法、体式规范、结构的安排及各种手法和技巧,更重要的意义在于学会运用马列主义基本原理与方法观察和分析问题,提高理论水平和认识能力。

二是学习专业学科方面的基础理论。任何一个专业研究领域都有自己的特殊之处,也有其独立存在的理论基础,掌握尽可能多的专业学科方面的基础理论,会大大减少我们从事公文写作活动的困难。通俗地说,干什么就要学什么,才能吆喝什么。还要注意的是,公文写作具有很强的政策性、法律性,这就要求公文写作者必须具备一定的法律知识。这样才能在公文写作中自觉遵守党的基本路线、方针、政策和法律法规。更进一步通俗地说,有政策性和法律性的公文,吆喝什么,才能吆喝成什么。

三是广泛阅读。没有一个有成就的作者是知识贫乏的人,因为作者的知识修养是写作内容的物质基础,没有这个基础而写成的公文,是难以发挥其社会功效的。从事文字工作要善于当"杂家",什么都要学一点,什么都要懂一点,"博学而不穷"。脑子里装的东西越多,肚子里的货越多,那么你的底子就越厚。人的社会经验、生活常识及典故、民生风情、奇闻逸事等知识看似不大重要,与公文写作似乎也没有多大关系,但往往是公文不可缺少的素养,有时这些知识对公文写作会产生许多意想不到的效果。阅读范围越广,则愈能得到多方面的启迪。可见,广泛阅读对提高公文写作者深厚的写作素养具有重要作用,它是培养公文写作者素质的重要途径。人们常说,见多识广,没有见识,公文是没有多大出路的。

毛泽东曾经深有感触地说:"语言这个东西,不是随便可以学好的,非下苦功不可。"公文写作需要有丰富的科学文化知识,有高超的驾驭语言文字的能力。毛泽东同志的应用文章说理深刻透彻,逻辑严谨周密,笔调生动活泼,挥洒自如,语言流畅简练,耐人寻味,是与他丰富的社会阅历、广博的历史知识、扎实的语言功底、深厚的传统文化素养分不开的。

看看毛泽东是怎么学习的。毛泽东是终身学习的典范。1948年11月24日,他在指挥部署淮海大战的同时,还复信吴晗探讨《朱元璋传》的修改问题。可以说,毛泽东对几千年的中国历史演变了然于心,对我国传统文化了如指掌。"其蓄之也富,故其出之也裕。"他在写作中各种史实典故信手拈来,往往点石成金,推陈出新,死典活用,化平淡为神奇。刘少奇在一次党的教育课中跟大家讲到,贺知章诗:"儿童相见不相识,笑问客从何处来",说自己的儿孙都不认识自己了。毛泽东听到这个解释后亲自查资料,就此事专门给刘少奇写了一封信,说据考证,那些不是作者的看法,是作者邻居的看法。从这里可以看出毛主席不仅学识渊博,而且对待问题很严谨很细致,值得我们学习。

笔者单位有一位老教授,理论功底很深,课讲得特别精彩。他曾经告诉笔者,他每天看40页书和1个小时的英文资料,这是他的铁律。笔者问他偶尔有个应酬怎么办,他回答说,第二天早上一定补上!

现代社会节奏很快,但不管有多少借口,还是要把学习放在重要位置上。"人之差距关键在于业余时间",人的兴趣爱好源于后天培养,并非与生俱来。掌握的知识越多,知识面越广,学习的兴趣会越浓,学习也才能更持久。我们学习,首先要学习文章的观点,这是读书看报的主要目的;其次要记住数据、事例和精美语句,有保存价值的资料按自己的意图分类保管好,便于用时查找翻阅。

四是研究文章的结构与写法。对那些与自己工作有关的、重要的、好的文章,看见标题后,应先闭书静思,设想如果让自己来写,如何构思取材,如何布局安排,然后再打开来读,这样便能更好地体会"美文"的妙处,更有利于促进自己写作水平的提高。

当然,学习能为公文所用,但又不是仅仅公文之用所能概括的,这里蕴含着人间的大智和大美。

（三）思考的积累

思想性是公文的精髓,人们对公文的最高评价往往就是三个字"有思想"。思想有多远,文章就能走多远。思想来自什么,无疑是思考。同样一篇文章,不同的人来写,有没有思考,思考的程度如何,其效果大不一样。《论持久战》能成为经典名篇,与作者长久的观察与思考是密不可分的。

笔者在机关从事文字工作期间,喜欢进行集体会战,大家在碰撞中最容易产生思想火花。在这期间,我结合学习和工作对一些问题反复思考,形成初步的看法和观点。比如我们在要求宣传同事要脚踏实地时提出的"如果双脚离地了,典型也会倒下,因为典型是我们托起的"。在审查政治课讲稿时,提出"教育要多敲门少敲鼓,扣动心灵,才会长远"。还有一次在新闻集训时,提出"造假比写真困难,但假的永远真不了"。有价值的思想观点,并不是临时在稿纸上"憋"出来的,而是在平时反复思考,随机迸发出来的。哪怕是一次登山都有可能有新的思想出来。思考应该成为一种习惯,这样,公文写作层次才能不断提高。

光想还不行,还要经常有实战式。有人认为,熟知公文写作之巧,就能把公文写好。那么,我们想一想,不少人懂得驾车理论,就等于你能开车上路吗?肯定是不行的,因为必须要在实践中练习。这不仅指在有写作任务时按时完成任务,没有任务时,也要把自己的所思所想、把感兴趣的话题随时整理成文,或整理成集,或送出发表,这样既培养了作文兴趣,又锻炼了写作能力。

圣贤孔子主张"温故而知新",曾子表示自己"吾日三省吾身",我认为反省思考是使人进步的很好的方法。工作中,我几乎每天都会提前到办公室,这样做最大的好处就是有充裕的时间思考昨天失去的和今天要做的。工作得失就靠上班前的十几分钟来思考。考虑昨天的和今天的事情,这里有公务也有公文。笔者在宣传部门工作的时候,报上的评论常常亲自执笔,看电视看到世界地球日,就快速地写成《何为符拉迪沃斯托克》的小杂文。负责教学工作后,写出了《课堂需要留白》《做学习的主人》等文章。思考成了笔者的习惯,每天早上闹钟响后,趁着清晨头脑比较清醒,我会躺在床上思考一些问题,我以为"任思想信马由缰"是个好习惯,也是一种思维之美。

以上讲了三个方面的积累,需要提醒大家两点:

1. 实践、学习与思考是一个有机统一体

"学而不思则罔,思而不学则殆。""读万卷书,行万里路。""实践—认识(思考)—实践。"这三句话说明了实践、学习和思考的关系。下面是笔者就读书进行的一番思考:

> 真正的思维习惯,并不是记忆,而是对知识的怀疑和反思。长期的考试制度,让大多中国学生,做题、做正确的题,而不知道错误的可爱,其实创造往往从错误和发现错误开始。对成长中的人们来讲,错误的作用不小于正确的作用,因为怀疑、反思本身就是大概率犯错事件。犯错误可怕吗?是的,因为这里孕育着可怕的创造。看书,真正的看书,一定是带着怀疑的、挑刺的眼光看的。那些站在巨人肩上成长的人,无一例外的都是这样看书的。否则,我们只能在知识循环中、在知识固化中,知识永远不能进步,书只能一本是另一本的复制品。而我们如果读书不反思,就不会有长进,就只能空有气壮山河之志,却永远坐在山脚之下仰望高山之巅。

实践离不开学习,否则是盲目的,也离不开思考,否则就没有进步;学习离不开实践,否则是空洞的,也离不开思考,否则就没有价值;思考离不开实践,否则失去了意义,也离不开学习,否则就没有效果。

2. 把思想积累与资料积累结合起来

俗语说,好记性不如烂笔头。时间久了,信息总会消减和流逝。晋代陆机在《文斌》里说:"收百世之阙文,采千载之遗韵。谢朝华于已披,启夕秀于未振。"大意是:博取百代的文章,广采千载的风采,这样才能抛开前人的陈辞,锐意创新。

这告诉我们,了解丰富的已有知识,才可能避免无效劳动和避免重复别人已经发现和解决的问题。另外,对收集的材料加以概括分类、比较分析,才可能发现新问题,写出的文章才会有新意。所以,资料积累与思想积累相结合,才是一种创造性的活动,才能增强对已有知识经验的感受、理解。

一是专题积累和广泛积累相结合。广博与专深,是首先要处理好的一对关系,专题积累建立在广博积累的基础上,只有对有关资料知识进行广泛的涉猎,占有材料越多,才有可能进行深入的专题积累。

二是抄录与转述相结合。抄录式积累可以只抄录几句,也可以大段式、全篇式抄录。若公文篇幅过长,可进行转述。转述应注意结合自己的经验和知识展开积极思考,概括、分析、质疑、总结等一系列高阶思维活动应伴随始终,这样,转述对象便会给我们留下深刻印象,感知的内容就非常强烈而丰富了。

笔者在宣传部门工作的时候,有位同事就是这样做的。他刚参加工作时公文写作基础不好,写材料经常无从写起。但他是一个有心人,能参与的工作主动参与,不能参与的工作也不置身事外。更可贵的是,每项工作完成之后他都对相关材料进行归档研究,从中得到了快速提升,现在成为机关进步很快的干部。

资料积累从一定意义上讲,会给公文写作带来方便,缩短公文写作周期。但资料永远是资料,它不能带来鲜活的公文思想和公文思路,所以,决不能以资料的积累来代替思想的积累。没有思想积累，公文写作必将陷入困顿。在现实中，我们如果仅是资料积累，而没有思想积累，充其量是个资料员。当资料员有了思想，就不再是简单的资料员了。我们都知道，毛泽东同志青年时期曾经在北大图书馆任职过，当时他在那里如饥似渴地读了很多书，研究了大量西方著作，也吸取、辨别了各种新文化、新思想，并将自己的感悟与中国当时的国情相结合，正是孜孜不倦的阅读、思考、实践，毛泽东找到了解决中国问题的钥匙。

现在是网络时代，资料搜集和检索都非常方便，给我们查找资料提供了前所未有的便利。公文常用词、公文提纲甚至公文模板网上都会有，但是公文思想是搜索不到的，而这些只有来自积累。

每天要读几页书，遇事要思考基本的道理，是一定要有的习惯。笔者在宣传部门十五年曾经宣传了六个典型，这些典型材料都是我平时工作中注意到并且随时搜集而来的，就相当于每次机遇都在我手里，每次都是打的有准备之战。不停息的准备，是工作的状态，也是临阵状态。公文应该始终处于准备中，资料准备、思想准备、写作准备，一样都不能少。

第八讲
公文写作如何积累

不管我们写艺术性的文学作品还是偏重逻辑性的公文,只要落实到文字,都是与积累密切相关的。老师讲课,有积累与没积累,讲的效果也是不一样的。陆游曾经对儿子谈自己的创作经验:"汝果欲学诗,功夫在诗外。"诗歌如此,其他文章的写作也如此,公文也一样。如果要学公文,那么功夫在公文之外,这就是我们今天要讲的——积累。从笔者的实践和经验来看,笔者认为公文中的积累分三个方面:知识积累、实践积累和思想积累。其中思想积累要掌握思维方法、养成思考习惯、善于专题研究。

一、知识积累

首先是知识积累,就是我们说的"肚子里要有货"。可以说,从小学到现在,我们一直在积累,如小学开始学"鹅,鹅,鹅",初中开始学"让我们荡起双桨",这些都是知识的积累。知识可以说是浩如烟海,仅仅我们中华民族几千年文明史的知识,就不得了。我们还要放眼世界,要了解世界史、科学史、文化史。汗牛充栋的知识肯定不可能在短时间里讲完,我们今天就简单地讲讲与公文相关的知识,要积累知识写好公文,我们要做三类"家"。

第一类,要做政治家。这是由公文的定义决定的。什么是公文?是公事之文、公务之文,公文主要的对象是党政机关、社会团体、企事业单位或者个人。这些对象,有几人不在政治中?再广泛地讲,人类自从进入社会以后,所有的社会人,都在政治中,他们交往的文书,当然也在政治中。所以,这个问题是由公文姓"公"所决定的。作为每个写公文的人,也一定是生活在政治中的。并不是每一篇公文都要写"在党的领导下",但不写这些,不代表你就忘了政治、与政治相悖。我们每一篇公文都不可能离开政治而孤立存在。

首先要明确,政治家只是一个形象的比喻,并不是让你写公文时真的做政治家。从公文的政治要求来看,当下首先要学好的是政治理论。不学好的话,今天你可能没有发现它对你有什么影响,但等到你提笔写公文时,你就会发现自己理论储备不够。我在机关时,一来新同志,我总是先问问他们知道多少党的路线方针,哲学书籍读了多少。另外,我还会开一个书单给他们。事实证明,无论是过去的老同志,还是新同志到机关工作,经过一年的时间,他们的公文水平提高得很快。而有些人,尽管职位很高,但是一涉及政治,外行话就出来了,这就体现了功力不足、知识积累不够的问题,当然也不是一位成熟的领导。我们党的历史上有两位写作公文的大手笔,毛泽东称其为"二乔"。两个"乔木",一个是胡乔木,一个是乔冠华,他们都是才华横溢、知识渊博之人。胡乔木说过:"我一辈子就是为政治服务。但是我知道,我为政治服务,就是要为人民服务。""政治如果离开了人民的利益,离开了为社会主义、共产主义的目的,就要犯错误。"

第二类,则要做行家。从公文的角度来看,行家比专家厉害,我说的行家不是指公文的行家。行家是指行业的行家,如果你是搞军事工作的,那你就要做军事工作的行家;如果是政治工作,你就要做政治工作的行家;如果是后勤工作,你就要做后勤工作的行家;你是通信专家,你就要做通信行家。行家一出手,就知有没有。有些老师讲课时之所以跑偏,就是没有真正理解透自己所讲的内容。

真正的行家里手能把看似很深奥的内容讲得非常轻松自如,通俗易懂,深入浅出。如果你要想变成公文能手,那么,你一定要变成这个单位的行家、本领域的行家。我们现在很多大单位的工作报告,没有哪篇是一个人能单独完成的。每一部分要由各个领域的行家来完成,可能也就二三百来字,虽然比较短,也是一个班子在写,而且都是专家。从笔者工作的实践来看,虽然一个单位不大,但如果涉及教学工作、政治工作、后勤工作,就需要每个部门都有精通具体工作的人来写。你当了行家,才不会说外行话,有的人文字虽然厉害,几乎变成了万金油,每个单位的材料都可以找他来,但他只能是润色,却不能解决根本问题,公文的根本问题,一定要靠行家来解决。我们要干什么,学什么,还要学好什么。打个比方,如果我们身在政治部门的宣传处,你不仅要了解宣传处,还要了解干部处、组织处、保卫处的工作。公文是为事服务的,你不当行家,是干不了事的,也是写不好公文的。

第三类,要做杂家。要能成为一个杂家,一定要注意知识积累,这里面要涉及的问题还很多。我以为要把一件事情做好,关键是要很好地执行。同样是上课,能不能把课上好,能不能把话说到大家心坎里去,这是一个本事。其中涉及专与博的关系。"博"就是说我们要能做杂家。假设你是位专家,你给本专业的人讲应该没问题,但如果你给其他专业的人讲,大多数人是听不懂的,可能也不喜欢听。这时候就需要做杂家,要各行各业的知识都了解一些,了解你的听众、受众关心的、能听懂的内容,才能把话说到大家心坎里去。写文章的大家很多都是杂家。比如马克思写《资本论》,阅读了1 500多种书籍,他一生读过的书涉及政治经济学、哲学、法学、历史学和社会学、文学等。通过大量阅读和长期实践,他和恩格斯创立了马克思主义,为中国共产党人提供了坚实的理论基础。毛泽东可以说是政治家里的杂家,一部《二十四史》,约4 000万字,如果每天读1万字,大约需10年才能读完。因为全部是古文,不像白话文易读,需要大量释义工作,所以很多历史学家都不能将其全部读完,但毛泽东读完了,不仅读完了,他还对历朝历代的政治、军事、经济、文化包括名人进行点评,他的点评是非常到位的。比如说《资治通鉴》把《三家分晋》放在第一篇,其实要告诉大家的是:名正言顺。周朝同意三家分晋,这是名不正言不顺,所以周朝的灭亡是必然的。毛泽东说:"这年,周天子命韩、赵、魏三家为诸侯,这一承认不要紧,使原先不合法的三家分晋变成合法的了,司马光认为这是周室衰落的关键。'非三晋之坏礼,乃天下自坏也。'选择这一年的这件事为《通鉴》的首篇,这是开宗明义,与《资治通鉴》的书名完全切题。下面做得不合法,上面还承认,看来这个周天子没有原则,没有是非。无是无非,当然非乱不可。这叫上梁不正下梁歪嘛。任何国家都是一样,你上面敢胡来,下面凭什么老老实实,这叫事有必至,理有固然。"毛泽东读史比前人更高,他不仅读了,还有境界。

  要成为杂家可不容易。像历史上的司马光,现代的胡乔木都是大杂家。司马光的公文写得非常好,宋代公文写得好的人很多,比如司马光、王安石、苏轼等等。我们现在读他们的政论文,还为他们的思路清晰、逻辑严谨、旁征博引所打动。笔者读研究生时,有个老师讲课讲得非常好。每次上课,当他走进教室时,同学们都热烈鼓掌,课上完了,同学们又是报以热烈掌声,我相信那个掌声是发自肺腑的。他的课为什么如此受欢迎?我发现他每次授课前,都会准备很多卡片,上课时总是随手拿起这些卡片,这就是他的积累。后来他与我交流时说,他就是在晚饭后看电视时,都会随时在卡片上记东西。所以,注重积累,做一个杂家,那就是从平时的点滴开始的。这就是我们古人所说的"世事洞明皆学问,人情练达即文章"。

  从我自己的感受来说,我为了说明文字素养、公文写作能力对一个人发展的重要性写了下面两段话,这两段话里列举的刘勰、彭德怀、爱因斯坦等古今中外名人的例子,都是平时看书积累的,平时看得多,写文章时才能有源头活水、信手拈来,而不是绞尽脑汁、搜肠刮肚却茫然无措。

    历史上,有很多并非专门从事文字工作的名人写出的公文也是很经典的。彭德怀"饥无食,寒无衣"的六字公文是我军公文史上的奇迹。将军也好,科学家也好,他首先得是个会写公文的人,不会写公文还真的不行。任何有学问、有思想的人,最后你的学问、思想要表达出来,要被人们发现,都要通过文章来实现。比如爱因斯坦,他用4个月的时间写了几篇论文,其中的任意一篇都可以获得诺贝尔奖,最后他凭借光电效应获得诺贝尔奖。他获奖时是1921年,那个时候,他的广义相对论理论已经诞生了,其实在1915年就已经获得了广泛认证,更不用说狭义相对论了。他可以获得诺贝尔奖的资格或条件有好几项。从哲学上讲,他也是个哲学家,相对论本身就是哲学的。

公文对我们的日常生活是非常重要的,著名教育家叶圣陶就曾经说过:大学毕业生,你不一定会写小说、诗歌,但一定要会写工作和生活中实用的文章,而且非写得通顺又扎实不可。叶圣陶的这段话是非常务实的,我们每个人都是如此。我国历史上的文学理论大家刘勰,是南朝宋齐梁时期的人。刘勰在南京定林寺研读佛经之余写作《文心雕龙》。刘勰曾经说过:"虽艺文之末品,而政事之先务也。"从中可以看出他对公文的评价之高。

读书就是走路,你这儿的路没走,怎么能走天下的路呢?可能你的鸿鹄之志很大,将来还要平天下,可你连南京都没好好走一走,看一看。光读书没走路等于没读书,还是该走的要走,该看的要看。

二、实践积累

第二个积累是实践积累。实践积累比知识积累更重要,因为公文是要解决问题的,解决问题才是关键。首先,公文是工作的全部,又是工作的侧重。主要矛盾和次要矛盾是哲学上的两点论,我们要抓主要矛盾。矛盾有主要矛盾和次要矛盾,以及矛盾的主要方面和次要方面,我们看问题时要研究主要矛盾,这是重点论,也不能忽视次要矛盾,这是两点论。这些东西对于我们分析问题、解决问题都非常有用。公文也是如此,公文的定义也好,种类也好,处理也好,都蕴含着重点论、两点论,所以我说公文既是工作的全部,又是工作的侧重。比如说,我们要给上级打一个报告,就要分析一下报告的重点在哪里。重点是自己的困难和上级的关注。如果我们要写总结,重点是取得的成绩和工作中的问题,以及下一步工作的思考。任何一种公文都有自己的侧重点,但是没有一种公文可以离开工作的全部,全部工作在公文里都有显示,不过是有所侧重的,这就是公文。公文是两点和重点的高度统一。公文每一次都要有一个重点。

其次，实践积累中第二点比较重要的是：善公文者善工作；善工作者能公文。即所有公文写得好的人，基本上都是工作上的能手，都是善于工作的人，因为他的思路本身就是工作思路，两者具有一致性。接下来我要强调四点。

第一，不能小看公文写作人，公文不是议论文，它的实践性非常强。公文追求的不是文字的美，而是实践的检验。毛泽东讲了《人的正确思想是从哪里来的?》，只能是实践，从社会实践中来，所以，善公文者，一定是善工作者。大家可能会有疑问，就是有些人公文写得很好，但是工作能力不一定很强，这怎么解释呢？这是我等会儿要解释的第三点。

第二，不要瞧不起实干家，现实中有些人看起来是大老粗，字写不了几个，但是人家如果写起公文来，一定是八九不离十。从古至今，多少武夫，他们的表达，简洁明了。如霍去病的名言"匈奴不灭，无以家为也"就是很好的教育材料。有时文章大道理写得再多，又有什么用呢？霍去病的一句话，就很管用。岳飞的《满江红》，不能仅仅认为它只是一首词，而是很好的教育材料。军事战略家基本上都是能草拟文书的人。

第三，不会工作的人，是写不好公文的。有些人貌似公文写得很好，但其实是无法执行的，最终只是从文字到文字，从会议到会议。很多单位就有这样的公文，让人很忙，却经不起实践的检验。

第四，写不出公文的人，未必是真正的实干家。

笔者这四个观点，实际上与逻辑学上的逆命题、反命题、逆反命题是一致的。所以，公文家与实干家是统一的，大诗人陆游就说"上马击狂胡，下马草军书"。

另外，笔者认为公文、工作，可以兼修相长。关于这方面，笔者有五个观点。

第一要勇于实践，眼睛要盯着基层。

第二要善于发问，抓住身边的一切，这一点是非常重要的。我们熟知很多，就是不知道问问题，这就是我国学校教育中的一个突出问题。中国的孩子从学校回家,大多数中国的家长会问,你今天学了哪些知识,很少有家长会问,你今天给老师提了几个问题。教育思路不一样,根本原因在于有无问题意识。所有的创造都来源于问题。你们能解多少题是没有用的,你们能问出多少问题才是重要的。真正的创造都来源于问题,而不是你解了多少题,所有解的题,都是有正确答案的。

第三要敢于谋划,关注于对每件事的思考。《论语》中记载"子入太庙,每事问",孔子对周礼十分熟悉,但到太庙里还仔细询问,当有人嘲讽他时,他回复说这正是知礼的行为。孔子的"每事问"行为体现了他的谦逊好学,对祭祀大典的谨慎认真。"三人行,必有我师焉",提醒我们学无止境,要虚心向人请教。养成对每件事的思考,这是长期动笔形成的习惯。

第四要多参与公文的起草。笔者当学生时,同学们就喊我"小秘书",为什么?因为当时笔者就经常写材料。现在想想,那个岁月还是很难忘的,对我今天的工作也是很有帮助的。因为掌握再多的理论,都不如亲自实践,在实践中思考得失,这样才会进步得更快。

第五要勤于积累,注意搜集资料。直接材料比二手材料要生动多了。直接的材料是很有价值的,因为第一手的材料,更能打动人,对于树立鲜明的个性特点,是非常有用的。我们每个人之所以是自己,不是其他人,就是因为我们成长的过程不一样,每天经历的事情不一样。树立个人的材料品格,第一手材料是非常重要的。我们每干一件事,都要对自己发问,要在实践中反问自己。只有经过自己实践,才会有切身体会,才会在实践中找到答案。从工作到实践中去,我总结了一些经验:一定要蹲得下去,千万不能蜻蜓点水;还要坐得下去,确实要有坐冷板凳的功夫;还要拿得出来,拿什么?拿工作,拿公文。只有蹲得下去,坐得下去,你才能拿得出来。

三、思想积累

做杂家还要注意思想积累,这是最重要的部分。可能大家不缺实践,也不缺知识,但是很多人缺一个积累,那就是思想积累。为什么要有思想积累？因为公文不是公差，我们好多人把写公文当成公差，当成苦力活。心灵鸡汤里有垒墙的故事，有的人之所以只能垒一辈子墙，是因为他始终把垒墙当成了苦差。有些人写了一辈子公文，公文没写好，活没干好，个人也没有进步，是因为他始终把写公文当成是爬格子的苦差事。公文不是垒砖头，这是我的基本观点。我觉得写公文时就思想积累这个方面要注意以下三点：

一是要掌握思维方法。既然是思想积累，就要掌握思维方法，这是一切思想的出发点。思想的出发点是马克思的辩证唯物主义和历史唯物主义。历史唯物主义是人民观、群众观。这就告诉我们要有立场，什么立场？人民的立场。我们的观点是马克思主义观点，马克思对自然、社会，对人类思维规律的认识，这是我们基本的观点。这些思维的东西是不能没有的。还有方法，与世界观相统一的方法论。所以，这些哲学的基本问题始终要在我们头脑中萦绕。我们强调要用历史唯物主义审视世界，审视我们过去的历史，这是没有问题的。历史唯物主义，打个比方，我们一天吃三顿饭，那我们是否省下一顿饭，直接吃第三顿饭，来代表我们一天三顿呢？显然不行，这就是历史唯物主义最通俗的比方，我们不能跳出一和二，而直接进入三。我们之所以有今天，是基于五千年的文明来的，对五千年的文明，我们都要用历史唯物主义观点去审视。审视历史，一定要公正，这是历史唯物主义最基本的观点。

二是要养成思考的习惯。思考非常重要，也非常必要，我们现在所处的信息社会，每天大量信息纷至沓来，如果对这些接收的信息不加以思考，或者懒得思考，那么你的认识就只会停留在表面，抓不住本质，写出的文章没有新意、没有深度、没有高度。很多情况下，公文写作是集体的智慧，但这依然不能取代写作者在构思和写作过程中的深入思考，如果没有深度的思考，那就只能是材料的堆砌，观点的拼凑，读来只会让人觉得杂乱无章。美国的哈林·克里夫兰说过：即使是集体研究，有所突破的思想却往往是一个人深思熟虑的结果。另外，公文是指导现实工作的，对面临的现实问题的看法，对解决问题的主张和采取的措施,对目前形势的分析、判断,对工作取得的成果的评价等等,统统都需要紧密联系实际去思考和推敲,一旦离开深入的思考,自然会大大降低公文的现实指导作用。

一个人如果养成了思考的习惯,那么他的思考能力和敏锐度就会大大提升,在现实生活中,就能注意到别人没注意的信息和材料。

三是要善于专题研究。这是非常重要的。我认为专题研究是提升思维的一种重要途径,如果没有养成思考问题的习惯和研究问题的习惯,一定要学会开展专题研究。有一次单位组织到夫子庙学雷锋活动,当我站在夫子庙的广场望着附近的乌衣巷时,感慨颇深,回去后我就写了一篇文章《乌衣巷遐思》。通过写这篇文章,我对晋朝加深了了解,这就是一个知识积累的过程。乌衣巷在我国名闻遐迩,是中国历史上悠久、著名的古巷、世家大族居住之地,晋代王谢两家豪门大族的宅第都曾坐落于此,晋代衣冠就集中在这条巷子里,历史上赫赫有名的王导、谢安家族曾经在此显赫一时,书写晋代风流。打开成语词典,有十来个词语与此相关,东山再起、草木皆兵、风声鹤唳、东床快婿、雪夜访戴、咏絮之才、天壤王郎,这些典故都是我们的积累。所以,专题性研究可以很好地完成知识积累。实际上,专题积累既能积累知识,也能积累实践,还可以对我们当下的实践进行思考。在文章中我反思为什么王、谢那么有名,王、谢家族涌现那么多名人,是因为家族的文化底蕴非常深厚,人文滋养确实厉害。比如王羲之,他中年辞官退隐后主要生活在绍兴,绍兴有一个地方叫"题扇桥"。《晋书·王羲之传》记载说,又尝在蕺山见一老姥,持六角竹扇卖之。羲之书其扇,各为五字,姥初有愠色,因谓姥曰:"但言是王右军书,以求百钱邪。"姥如其言,人竞买之。有一个卖扇子的老婆婆,王羲之看她很可怜,卖不了多少钱。王羲之就在上面题字,老婆婆就卖了很多钱。有人文修养的人,与善是紧紧相连的。因此我写道:"正在仕途中的人,千万不能对着这些家喻户晓的名词而熟视无睹,'旧时王谢堂前燕',之所以能为人所记住,就是因为王谢身在政治中,却无时不在接受人文的滋养,以自己人格的完善使政治成为对大多数人的善。其实,这也是许多名垂千古的好官们所上下求索的。"公文是为实践服务的,是因为作者对一些问题有想法,便具有实践性。我经常进行专题性研究,认为专题研究是"知识+实践+思考"的完整过程,是知识的积累,是实践的升华,是思想的积淀。

  公文写作者必须充分认识公文写作的重要性,勤学苦练,提高思想、政策和写作水平,这样才能保证公文质量,完成好自己的工作,更好地服务社会。

附录

一、《论持久战》[①](节选)

（一九三八年五月）

问题的提起

（一）伟大抗日战争的一周年纪念，七月七日，快要到了。全民族的力量团结起来，坚持抗战，坚持统一战线，同敌人作英勇的战争，快一年了。这个战争，在东方历史上是空前的，在世界历史上也将是伟大的，全世界人民都关心这个战争。身受战争灾难、为着自己民族的生存而奋斗的每一个中国人，无日不在渴望战争的胜利。然而战争的过程究竟会要怎么样？能胜利还是不能胜利？能速胜还是不能速胜？很多人都说持久战，但是为什么是持久战？怎样进行持久战？很多人都说最后胜利，但是为什么会有最后胜利？怎样争取最后胜利？这些问题，不是每个人都解决了的，甚至是大多数人至今没有解决的。于是失败主义的亡国论者跑出来向人们说：中国会亡，最后胜利不是中国的。某些性急的朋友们也跑出来向人们说：中国很快就能战胜，无需乎费大气力。这些议论究竟对不对呢？我们一向都说：这些议论是不对的。可是我们说的，还没有为大多数人所了解。一半因为我们的宣传解释工作还不够，一半也因为客观事变的发展还没有完全暴露其固有的性质，还没有将其面貌鲜明地摆在人们之前，使人们无从看出其整个的趋势和前途，因而无从决定自己的整套的方针和做法。现在好了，抗战十个月的经验，尽够击破毫无根据的亡国论，也尽够说服急性朋友们的速胜论了。

---

① 《毛泽东选集》，北京：人民出版社，1991年第二版，第二卷，第439-466页。

在这种情形下,很多人要求做个总结性的解释。尤其是对持久战,有亡国论和速胜论的反对意见,也有空洞无物的了解。"卢沟桥事变以来,四万万人一齐努力,最后胜利是中国的。"这样一种公式,在广大的人们中流行着。这个公式是对的,但有加以充实的必要。抗日战争和统一战线之所以能够坚持,是由于许多的因素:全国党派,从共产党到国民党;全国人民,从工人农民到资产阶级;全国军队,从主力军到游击队;国际方面,从社会主义国家到各国爱好正义的人民;敌国方面,从某些国内反战的人民到前线反战的兵士。总而言之,所有这些因素,在我们的抗战中都尽了他们各种程度的努力。每一个有良心的人,都应向他们表示敬意。我们共产党人,同其他抗战党派和全国人民一道,唯一的方向,是努力团结一切力量,战胜万恶的日寇。今年七月一日,是中国共产党建立的十七周年纪念日。为了使每个共产党员在抗日战争中能够尽其更好和更大的努力,也有着重地研究持久战的必要。因此,我的讲演就来研究持久战。和持久战这个题目有关的问题,我都准备说到;但是不能一切都说到,因为一切的东西,不是在一个讲演中完全说得了的。

（二）抗战十个月以来,一切经验都证明下述两种观点的不对:一种是中国必亡论,一种是中国速胜论。前者产生妥协倾向,后者产生轻敌倾向。他们看问题的方法都是主观的和片面的,一句话,非科学的。

（三）抗战以前,存在着许多亡国论的议论。例如说:"中国武器不如人,战必败。""如果抗战,必会作阿比西尼亚。"抗战以后,公开的亡国论没有了,但暗地是有的,而且很多。例如妥协的空气时起时伏,主张妥协者的根据就是"再战必亡"。有个学生从湖南写信来说:"在乡下一切都感到困难。单独一个人作宣传工作,只好随时随地找人谈话。对象都不是无知无识的愚民,他们多少也懂得一点,他们对我的谈话很有兴趣。可是碰了我那几位亲戚,他们总说:'中国打不胜,会亡。'讨厌极了。好在他们还不去宣传,不然真糟。农民对他们的信仰当然要大些啊！"这类中国必亡论者,是妥协倾向的社会基础。这类人中国各地都有,因此,抗日阵线中随时可能发生的妥协问题,恐怕终战争之局也不会消灭的。当此徐州失守武汉紧张的时候,给这种亡国论痛驳一驳,我想不是无益的。

（四）抗战十个月以来,各种表现急性病的意见也发生了。例如在抗战初起时,许多人有一种毫无根据的乐观倾向,他们把日本估计过低,甚至以为日本不能打到山西。有些人轻视抗日战争中游击战争的战略地位,他们对于"在全体上,运动战是主要的,游击战是辅助的;在部分上,游击战是主要的,运动战是辅助的"这个提法,表示怀疑。他们不赞成八路军这样的战略方针:"基本的是游击战,但不放松有利条件下的运动战。"认为这是"机械的"观点。上海战争时,有些人说:"只要打三个月,国际局势一定变化,苏联一定出兵,战争就可解决。"把抗战的前途主要地寄托在外国援助上面。台儿庄胜利之后,有些人主张徐州战役应是"准决战",说过去的持久战方针应该改变。说什么"这一战,就是敌人的最后挣扎","我们胜了,日阀就在精神上失了立场,只有静候末日审判"。平型关一个胜仗,冲昏了一些人的头脑;台儿庄再一个胜仗,冲昏了更多的人的头脑。于是敌人是否进攻武汉,成为疑问了。许多人以为:"不一定";许多人以为:"断不会"。这样的疑问可以牵涉到一切重大的问题。例如说:抗日力量是否够了呢?回答可以是肯定的,因为现在的力量已使敌人不能再进攻,还要增加力量干什么呢?例如说:巩固和扩大抗日民族统一战线的口号是否依然正确呢?回答可以是否定的,因为统一战线的现时状态已够打退敌人,还要什么巩固和扩大呢?例如说:国际外交和国际宣传工作是否还应该加紧呢?回答也可以是否定的。例如说:改革军队制度,改革政治制度,发展民众运动,厉行国防教育,镇压汉奸托派,发展军事工业,改良人民生活,是否应该认真去做呢?例如说:保卫武汉、保卫广州、保卫西北和猛烈发展敌后游击战争的口号,是否依然正确呢?回答都可以是否定的。甚至某些人在战争形势稍为好转的时候,就准备在国共两党之间加紧磨擦一下,把对外的眼光转到对内。这种情况,差不多每一个较大的胜仗之后,或敌人进攻暂时停顿之时,都要发生。所有上述一切,我们叫它做政治上军事上的近视眼。这些话,讲起来好像有道理,实际上是毫无根据、似是而非的空谈。扫除这些空谈，对于进行胜利的抗日战争，应该是有好处的。

（五）于是问题是：中国会亡吗？答复：不会亡，最后胜利是中国的。中国能够速胜吗？答复：不能速胜，抗日战争是持久战。

（六）这些问题的主要论点，还在两年之前我们就一般地指出了。还在一九三六年七月十六日，即在西安事变前五个月，卢沟桥事变前十二个月，我同美国记者斯诺先生的谈话中，就已经一般地估计了中日战争的形势，并提出了争取胜利的各种方针。为备忘计，不妨抄录几段如下：

问：在什么条件下，中国能战胜并消灭日本帝国主义的实力呢？

答：要有三个条件：第一是中国抗日统一战线的完成；第二是国际抗日统一战线的完成；第三是日本国内人民和日本殖民地人民的革命运动的兴起。就中国人民的立场来说，三个条件中，中国人民的大联合是主要的。

问：你想，这个战争要延长多久呢？

答：要看中国抗日统一战线的实力和中日两国其他许多决定的因素如何而定。即是说，除了主要地看中国自己的力量之外，国际间所给中国的援助和日本国内革命的援助也很有关系。如果中国抗日统一战线有力地发展起来，横的方面和纵的方面都有效地组织起来，如果认清日本帝国主义威胁他们自己利益的各国政府和各国人民能给中国以必要的援助，如果日本的革命起来得快，则这次战争将迅速结束，中国将迅速胜利。如果这些条件不能很快实现，战争就要延长。但结果还是一样，日本必败，中国必胜。只是牺牲会大，要经过一个很痛苦的时期。

问：从政治上和军事上来看，你以为这个战争的前途会要如何发展？

答：日本的大陆政策已经确定了，那些以为同日本妥协，再牺牲一些中国的领土主权就能够停止日本进攻的人们，他们的想法只是一种幻想。我们确切地知道，就是扬子江下游和南方各港口，都已经包括在日本帝国主义的大陆政策之内。并且日本还想占领菲律宾、暹罗、越南、马来半岛和荷属东印度，把外国和中国切开，独占西南太平洋。这又是日本的海洋政策。在这样的时期,中国无疑地要处于极端困难的地位。可是大多数中国人相信,这种困难是能够克服的;只有各大商埠的富人是失败论者,因为他们害怕损失财产。有许多人想,一旦中国海岸被日本封锁,中国就不能继续作战。这是废话。为反驳他们,我们不妨举出红军的战争史。在抗日战争中,中国所占的优势,比内战时红军的地位强得多。中国是一个庞大的国家,就是日本能占领中国一万万至二万万人口的区域,我们离战败还很远呢。我们仍然有很大的力量同日本作战,而日本在整个战争中须得时时在其后方作防御战。中国经济的不统一、不平衡,对于抗日战争反为有利。例如将上海和中国其他地方割断,对于中国的损害,绝没有将纽约和美国其他地方割断对于美国的损害那样严重。日本就是把中国沿海封锁,中国的西北、西南和西部,它是无法封锁的。所以问题的中心点还是中国全体人民团结起来,树立举国一致的抗日阵线。这是我们早就提出了的。

问:假如战争拖得很长,日本没有完全战败,共产党能否同意讲和,并承认日本统治东北?

答:不能。中国共产党和全国人民一样,不容许日本保留中国的寸土。

问:照你的意见,这次解放战争,主要的战略方针是什么?

答:我们的战略方针,应该是使用我们的主力在很长的变动不定的战线上作战。中国军队要胜利,必须在广阔的战场上进行高度的运动战,迅速地前进和迅速地后退,迅速地集中和迅速地分散。这就是大规模的运动战,而不是深沟高垒、层层设防、专靠防御工事的阵地战。这并不是说要放弃一切重要的军事地点,对于这些地点,只要有利,就应配置阵地战。但是转换全局的战略方针,必然要是运动战。阵地战虽也必需,但是属于辅助性质的第二种的方针。在地理上,战场这样广大,我们作最有效的运动战,是可能的。日军遇到我军的猛烈活动,必得谨慎。他们的战争机构很笨重,行动很慢,效力有限。如果我们集中兵力在一个狭小的阵地上作消耗战的抵抗,将使我军失掉地理上和经济组织上的有利条件,犯阿比西尼亚的错误。战争的前期,我们要避免一切大的决战,要先用运动战逐渐地破坏敌人军队的精神和战斗力。

除了调动有训练的军队进行运动战之外,还要在农民中组织很多的游击队。须知东三省的抗日义勇军,仅仅是表示了全国农民所能动员抗战的潜伏力量的一小部分。中国农民有很大的潜伏力,只要组织和指挥得当,能使日本军队一天忙碌二十四小时,使之疲于奔命。必须记住这个战争是在中国打的,这就是说,日军要完全被敌对的中国人所包围;日军要被迫运来他们所需的军用品,而且要自己看守;他们要用重兵去保护交通线,时时谨防袭击;另外,还要有一大部力量驻扎满洲和日本内地。

在战争的过程中,中国能俘虏许多的日本兵,夺取许多的武器弹药来武装自己;同时,争取外国的援助,使中国军队的装备逐渐加强起来。因此,中国能够在战争的后期从事阵地战,对于日本的占领地进行阵地的攻击。这样,日本在中国抗战的长期消耗下,它的经济行将崩溃;在无数战争的消磨中,它的士气行将颓靡。中国方面,则抗战的潜伏力一天一天地奔腾高涨,大批的革命民众不断地倾注到前线去,为自由而战争。所有这些因素和其他的因素配合起来,就使我们能够对日本占领地的堡垒和根据地,作最后的致命的攻击,驱逐日本侵略军出中国。(斯诺:《西北印象记》)

抗战十个月的经验,证明上述论点的正确,以后也还将继续证明它。

(七)还在卢沟桥事变发生后一个多月,即一九三七年八月二十五日,中国共产党中央就在它的《关于目前形势与党的任务的决定》中,清楚地指出:卢沟桥的挑战和平津的占领,不过是日寇大举进攻中国本部的开始。日寇已经开始了全国的战时动员。他们的所谓"不求扩大"的宣传,不过是掩护其进攻的烟幕弹。七月七日卢沟桥的抗战,已经成了中国全国性抗战的起点。中国的政治形势从此开始了一个新阶段,这就是实行抗战的阶段。抗战的准备阶段已经过去了。这一阶段的最中心的任务是:动员一切力量争取抗战的胜利。争取抗战胜利的中心关键,在使已经发动的抗战发展为全面的全民族的抗战。只有这种全面的全民族的抗战,才能使抗战得到最后的胜利。由于当前的抗战还存在着严重的弱点,所以在今后的抗战过程中,可能发生许多挫败、退却、内部的分化、叛变、暂时和局部的妥协等不利的情况。因此，应该看到这一抗战是艰苦的持久战。但我们相信，已经发动的抗战，必将因为我党和全国人民的努力，冲破一切障碍物而继续地前进和发展。抗战十个月的经验，同样证明了上述论点的正确，以后也还将继续证明它。

（八）战争问题中的唯心论和机械论的倾向，是一切错误观点的认识论上的根源。他们看问题的方法是主观的和片面的。或者是毫无根据地纯主观地说一顿；或者是只根据问题的一侧面、一时候的表现，也同样主观地把它夸大起来，当作全体看。但是人们的错误观点可分为两类：一类是根本的错误，带一贯性，这是难于纠正的；另一类是偶然的错误，带暂时性，这是易于纠正的。但既同为错误，就都有纠正的必要。因此，反对战争问题中的唯心论和机械论的倾向，采用客观的观点和全面的观点去考察战争，才能使战争问题得出正确的结论。

问题的根据

（九）抗日战争为什么是持久战？最后胜利为什么是中国的呢？根据在什么地方呢？中日战争不是任何别的战争，乃是半殖民地半封建的中国和帝国主义的日本之间在二十世纪三十年代进行的一个决死的战争。全部问题的根据就在这里。分别地说来，战争的双方有如下互相反对的许多特点。

（一〇）日本方面：第一，它是一个强的帝国主义国家，它的军力、经济力和政治组织力在东方是一等的，在世界也是五六个著名帝国主义国家中的一个。这是日本侵略战争的基本条件，战争的不可避免和中国的不能速胜，就建立在这个日本国家的帝国主义制度及其强的军力、经济力和政治组织力上面。然而第二，由于日本社会经济的帝国主义性，就产生了日本战争的帝国主义性，它的战争是退步的和野蛮的。时至二十世纪三十年代的日本帝国主义，由于内外矛盾，不但使得它不得不举行空前大规模的冒险战争，而且使得它临到最后崩溃的前夜。从社会行程说来，日本已不是兴旺的国家，战争不能达到日本统治阶级所期求的兴旺，而将达到它所期求的反面——日本帝国主义的死亡。这就是所谓日本战争的退步性。跟着这个退步性，加上日本又是一个带军事封建性的帝国主义这一特点，就产生了它的战争的特殊的野蛮性。这样就要最大地激起它国内的阶级对立、日本民族和中国民族的对立、日本和世界大多数国家的对立。日本战争的退步性和野蛮性是日本战争必然失败的主要根据。还不止此，第三，日本战争虽是在其强的军力、经济力和政治组织力的基础之上进行的，但同时又是在其先天不足的基础之上进行的。日本的军力、经济力和政治组织力虽强，但这些力量之量的方面不足。日本国度比较地小，其人力、军力、财力、物力均感缺乏，经不起长期的战争。日本统治者想从战争中解决这个困难问题，但同样，将达到其所期求的反面，这就是说，它为解决这个困难问题而发动战争，结果将因战争而增加困难，战争将连它原有的东西也消耗掉。最后，第四，日本虽能得到国际法西斯国家的援助，但同时，却又不能不遇到一个超过其国际援助力量的国际反对力量。这后一种力量将逐渐地增长，终究不但将把前者的援助力量抵消，并将施其压力于日本自身。这是失道寡助的规律，是从日本战争的本性产生出来的。总起来说，日本的长处是其战争力量之强，而其短处则在其战争本质的退步性、野蛮性，在其人力、物力之不足，在其国际形势之寡助。这些就是日本方面的特点。

（一）中国方面：第一，我们是一个半殖民地半封建的国家。从鸦片战争，太平天国，戊戌维新，辛亥革命，直至北伐战争，一切为解除半殖民地半封建地位的革命的或改良的运动，都遭到了严重的挫折，因此依然保留下这个半殖民地半封建的地位。我们依然是一个弱国，我们在军力、经济力和政治组织力各方面都显得不如敌人。战争之不可避免和中国之不能速胜，又在这个方面有其基础。然而第二，中国近百年的解放运动积累到了今日，已经不同于任何历史时期。各种内外反对力量虽给了解放运动以严重挫折，同时却锻炼了中国人民。今日中国的军事、经济、政治、文化虽不如日本之强，但在中国自己比较起来，却有了比任何一个历史时期更为进步的因素。中国共产党及其领导下的军队,就是这种进步因素的代表。中国今天的解放战争,就是在这种进步的基础上得到了持久战和最后胜利的可能性。中国是如日方升的国家,这同日本帝国主义的没落状态恰是相反的对照。中国的战争是进步的,从这种进步性,就产生了中国战争的正义性。因为这个战争是正义的,就能唤起全国的团结,激起敌国人民的同情,争取世界多数国家的援助。第三,中国又是一个很大的国家,地大、物博、人多、兵多,能够支持长期的战争,这同日本又是一个相反的对比。最后,第四,由于中国战争的进步性、正义性而产生出来的国际广大援助,同日本的失道寡助又恰恰相反。总起来说,中国的短处是战争力量之弱,而其长处则在其战争本质的进步性和正义性,在其是一个大国家,在其国际形势之多助。这些都是中国的特点。

(一二)这样看来,日本的军力、经济力和政治组织力是强的,但其战争是退步的、野蛮的,人力、物力又不充足,国际形势又处于不利。中国反是,军力、经济力和政治组织力是比较的弱的,然而正处于进步的时代,其战争是进步的和正义的,又有大国这个条件足以支持持久战,世界的多数国家是会要援助中国的。这些,就是中日战争互相矛盾着的基本特点。这些特点,规定了和规定着双方一切政治上的政策和军事上的战略战术,规定了和规定着战争的持久性和最后胜利属于中国而不属于日本。战争就是这些特点的比赛。这些特点在战争过程中将各依其本性发生变化,一切东西就都从这里发生出来。这些特点是事实上存在的,不是虚造骗人的;是战争的全部基本要素,不是残缺不全的片段;是贯彻于双方一切大小问题和一切作战阶段之中的,不是可有可无的。观察中日战争如果忘记了这些特点,那就必然要弄错;即使某些意见一时有人相信,似乎不错,但战争的经过必将证明它们是错的。我们现在就根据这些特点来说明我们所要说的一切问题。

驳亡国论

(一三)亡国论者看到敌我强弱对比一个因素,从前就说"抗战必亡",现在又说"再战必亡"。如果我们仅仅说,敌人虽强,但是小国,中国虽弱,但是大国,是不足以折服他们的。他们可以搬出元朝灭宋、清朝灭明的历史证据,证明小而强的国家能够灭亡大而弱的国家,而且是落后的灭亡进步的。如果我们说,这是古代,不足为据,他们又可以搬出英灭印度的事实,证明小而强的资本主义国家能够灭亡大而弱的落后国家。所以还须提出其他的根据,才能把一切亡国论者的口封住,使他们心服,而使一切从事宣传工作的人们得到充足的论据去说服还不明白和还不坚定的人们,巩固其抗战的信心。

(一四)这应该提出的根据是什么呢?就是时代的特点。这个特点的具体反映是日本的退步和寡助,中国的进步和多助。

(一五)我们的战争不是任何别的战争,乃是中日两国在二十世纪三十年代进行的战争。在我们的敌人方面,首先,它是快要死亡的帝国主义,它已处于退步时代,不但和英灭印度时期英国还处于资本主义的进步时代不相同,就是和二十年前第一次世界大战时的日本也不相同。此次战争发动于世界帝国主义首先是法西斯国家大崩溃的前夜,敌人也正是为了这一点才举行这个带最后挣扎性的冒险战争。所以,战争的结果,灭亡的不会是中国而是日本帝国主义的统治集团,这是无可逃避的必然性。再则,当日本举行战争的时候,正是世界各国或者已经遭遇战争或者快要遭遇战争的时候,大家都正在或准备着为反抗野蛮侵略而战,中国这个国家又是同世界多数国家和多数人民利害相关的,这就是日本已经引起并还要加深地引起世界多数国家和多数人民的反对的根源。

(一六)中国方面呢?它已经不能和别的任何历史时期相比较。半殖民地和半封建社会是它的特点,所以被称为弱国。但是在同时,它又处于历史上进步的时代,这就是足以战胜日本的主要根据。所谓抗日战争是进步的,不是说普通一般的进步,不是说阿比西尼亚抗意战争的那种进步,也不是说太平天国或辛亥革命的那种进步,而是说今天中国的进步。今天中国的进步在什么地方呢?在于它已经不是完全的封建国家,已经有了资本主义,有了资产阶级和无产阶级，有了已经觉悟或正在觉悟的广大人民，有了共产党，有了政治上进步的军队即共产党领导的中国红军，有了数十年革命的传统经验，特别是中国共产党成立以来的十七年的经验。这些经验，教育了中国的人民，教育了中国的政党，今天恰好作了团结抗日的基础。如果说，在俄国，没有一九〇五年的经验就不会有一九一七年的胜利；那末，我们也可以说，如果没有十七年以来的经验，也将不会有抗日的胜利。这是国内的条件。

国际的条件，使得中国在战争中不是孤立的，这一点也是历史上空前的东西。历史上不论中国的战争也罢，印度的战争也罢，都是孤立的。惟独今天遇到世界上已经发生或正在发生的空前广大和空前深刻的人民运动及其对于中国的援助。俄国一九一七年的革命也遇到世界的援助，俄国的工人和农民因此胜利了，但那个援助的规模还没有今天广大，性质也没有今天深刻。今天的世界的人民运动，正在以空前的大规模和空前的深刻性发展着。苏联的存在，更是今天国际政治上十分重要的因素，它必然以极大的热忱援助中国，这一现象，是二十年前完全没有的。所有这些，造成了和造成着为中国最后胜利所不可缺的重要的条件。大量的直接的援助，目前虽然还没有，尚有待于来日，但是中国有进步和大国的条件，能够延长战争的时间，促进并等候国际的援助。

（一七）加上日本是小国，地小、物少、人少、兵少，中国是大国，地大、物博、人多、兵多这一个条件，于是在强弱对比之外，就还有小国、退步、寡助和大国、进步、多助的对比，这就是中国决不会亡的根据。强弱对比虽然规定了日本能够在中国有一定时期和一定程度的横行，中国不可避免地要走一段艰难的路程，抗日战争是持久战而不是速决战；然而小国、退步、寡助和大国、进步、多助的对比，又规定了日本不能横行到底，必然要遭到最后的失败，中国决不会亡，必然要取得最后的胜利。

（一八）阿比西尼亚为什么灭亡了呢？第一，它不但是弱国，而且是小国。第二，它不如中国进步，它是一个古老的奴隶制到农奴制的国家，没有资本主义,没有资产阶级政党,更没有共产党,没有中国这样的军队,更没有如同八路军这样的军队。第三,它不能等候国际的援助,它的战争是孤立的。第四,这是主要的,抗意战争领导方面有错误。阿比西尼亚因此灭亡了。然而阿比西尼亚还有相当广大的游击战争存在,如能坚持下去,是可以在未来的世界变动中据以恢复其祖国的。

(一九)如果亡国论者搬出中国近代解放运动的失败史来证明"抗战必亡"和"再战必亡"的话,那我们的答复也是时代不同一句话。中国本身、日本内部、国际环境都和过去不相同。日本比过去更强了,中国的半殖民地和半封建地位依然未变,力量依然颇弱,这一点是严重的情形。日本暂时还能控制其国内的人民,也还能利用国际间的矛盾作为其侵华的工具,这些都是事实。然而在长期的战争过程中,必然要发生相反的变化。这一点现在还不是事实,但是将来必然要成为事实的。这一点,亡国论者就抛弃不顾了。中国呢?不但现在已有新的人、新的政党、新的军队和新的抗日政策,和十余年以前有很大的不同,而且这些都必然会向前发展。虽然历史上的解放运动屡次遭受挫折,使中国不能积蓄更大的力量用于今日的抗日战争——这是非常可痛惜的历史的教训,从今以后,再也不要自己摧残任何的革命力量了——然而就在既存的基础上,加上广大的努力,必能逐渐前进,加强抗战的力量。伟大的抗日民族统一战线,就是这种努力的总方向。国际援助一方面,眼前虽然还看不见大量的和直接的,但是国际局面根本已和过去两样,大量和直接的援助正在酝酿中。中国近代无数解放运动的失败都有其客观和主观的原因,都不能比拟今天的情况。在今天,虽然存在着许多困难条件,规定了抗日战争是艰难的战争,例如敌人之强,我们之弱,敌人的困难还刚在开始,我们的进步还很不够,如此等等,然而战胜敌人的有利条件是很多的,只须加上主观的努力,就能克服困难而争取胜利。这些有利条件,历史上没有一个时候可和今天比拟,这就是抗日战争必不会和历史上的解放运动同归失败的理由。

妥协还是抗战？腐败还是进步？

（二〇）亡国论之没有根据，俱如上述。但是另有许多人，并非亡国论者，他们是爱国志士，却对时局怀抱甚深的忧虑。他们的问题有两个：一是惧怕对日妥协，一是怀疑政治不能进步。这两个可忧虑的问题在广大的人们中间议论着，找不到解决的基点。我们现在就来研究这两个问题。

（二一）前头说过，妥协的问题是有其社会根源的，这个社会根源存在，妥协问题就不会不发生。但妥协是不会成功的。要证明这一点，仍不外向日本、中国、国际三方面找根据。第一是日本方面。还在抗战初起时，我们就估计有一种酝酿妥协空气的时机会要到来，那就是在敌人占领华北和江浙之后，可能出以劝降手段。后来果然来了这一手；但是危机随即过去，原因之一是敌人采取了普遍的野蛮政策，实行公开的掠夺。中国降了，任何人都要做亡国奴。敌人的这一掠夺的即灭亡中国的政策，分为物质的和精神的两方面，都是普遍地施之于中国人的；不但是对下层民众，而且是对上层成分，当然对后者稍为客气些，但也只有程度之别，并无原则之分。大体上，敌人是将东三省的老办法移植于内地。在物质上，掠夺普通人民的衣食，使广大人民啼饥号寒；掠夺生产工具，使中国民族工业归于毁灭和奴役化。在精神上，摧残中国人民的民族意识。在太阳旗下，每个中国人只能当顺民，做牛马，不许有一丝一毫的中国气。敌人的这一野蛮政策，还要施之于更深的内地。他的胃口很旺，不愿停止战争。一九三八年一月十六日日本内阁宣言的方针，至今坚决执行，也不能不执行，这就激怒了一切阶层的中国人。这是根据敌人战争的退步性野蛮性而来的，"在劫难逃"，于是形成了绝对的敌对。估计到某种时机，敌之劝降手段又将出现，某些亡国论者又将蠢蠢而动，而且难免勾结某些国际成分（英、美、法内部都有这种人，特别是英国的上层分子），狼狈为奸。但是大势所趋，是降不了的，日本战争的坚决性和特殊的野蛮性，规定了这个问题的一方面。

（二二）第二是中国方面。中国坚持抗战的因素有三个：其一，共产党，这是领导人民抗日的可靠力量。又其一,国民党,因其是依靠英美的,英美不叫它投降,它也就不会投降。又其一,别的党派,大多数是反对妥协、拥护抗战的。这三者互相团结,谁要妥协就是站在汉奸方面,人人得而诛之。一切不愿当汉奸的人,就不能不团结起来坚持抗战到底,妥协就实际上难于成功。

(二三)第三是国际方面。除日本的盟友和各资本主义国家的上层分子中的某些成分外,其余都不利于中国妥协而利于中国抗战。这一因素影响到中国的希望。今天全国人民有一种希望,认为国际力量必将逐渐增强地援助中国。这种希望不是空的;特别是苏联的存在,鼓舞了中国的抗战。空前强大的社会主义的苏联,它和中国是历来休戚相关的。苏联和一切资本主义国家的上层成分之唯利是图者根本相反,它是以援助一切弱小民族和革命战争为其职志的。中国战争之非孤立性,不但一般地建立在整个国际的援助上,而且特殊地建立在苏联的援助上。中苏两国是地理接近的,这一点加重了日本的危机,便利了中国的抗战。中日两国地理接近,加重了中国抗战的困难。然而中苏的地理接近,却是中国抗战的有利条件。

(二四)由此可作结论:妥协的危机是存在的,但是能够克服。因为敌人的政策即使可作某种程度的改变,但其根本改变是不可能的。中国内部有妥协的社会根源,但是反对妥协的占大多数。国际力量也有一部分赞助妥协,但是主要的力量赞助抗战。这三种因素结合起来,就能克服妥协危机,坚持抗战到底。

(二五)现在来答复第二个问题。国内政治的改进,是和抗战的坚持不能分离的。政治越改进,抗战越能坚持;抗战越坚持,政治就越能改进。但是基本上依赖于坚持抗战。国民党的各方面的不良现象是严重地存在着,这些不合理因素的历史积累,使得广大爱国志士发生很大的忧虑和烦闷。但是抗战的经验已经证明,十个月的中国人民的进步抵得上过去多少年的进步,并无使人悲观的根据。历史积累下来的腐败现象,虽然很严重地阻碍着人民抗战力量增长的速度,减少了战争的胜利,招致了战争的损失,但是中国、日本和世界的大局，不容许中国人民不进步。由于阻碍进步的因素即腐败现象之存在，这种进步是缓慢的。进步和进步的缓慢是目前时局的两个特点，后一个特点和战争的迫切要求很不相称，这就是使得爱国志士们大为发愁的地方。然而我们是在革命战争中，革命战争是一种抗毒素，它不但将排除敌人的毒焰，也将清洗自己的污浊。凡属正义的革命的战争，其力量是很大的，它能改造很多事物，或为改造事物开辟道路。中日战争将改造中日两国；只要中国坚持抗战和坚持统一战线，就一定能把旧日本化为新日本，把旧中国化为新中国，中日两国的人和物都将在这次战争中和战争后获得改造。我们把抗战和建国联系起来看，是正当的。说日本也能获得改造，是说日本统治者的侵略战争将走到失败，有引起日本人民革命之可能。日本人民革命胜利之日，就是日本改造之时。这和中国的抗战密切地联系着，这一个前途是应该看到的。

亡国论是不对的，速胜论也是不对的

（二六）我们已把强弱、大小、进步退步、多助寡助几个敌我之间矛盾着的基本特点，作了比较研究，批驳了亡国论，答复了为什么不易妥协和为什么政治可能进步的问题。亡国论者看重了强弱一个矛盾，把它夸大起来作为全部问题的论据，而忽略了其他的矛盾。他们只提强弱对比一点，是他们的片面性；他们将此片面的东西夸大起来看成全体，又是他们的主观性。所以在全体说来，他们是没有根据的，是错误的。那些并非亡国论者，也不是一贯的悲观主义者，仅为一时候和一局部的敌我强弱情况或国内腐败现象所迷惑，而一时地发生悲观心理的人们，我们也得向他们指出，他们的观点的来源也是片面性和主观性的倾向。但是他们的改正较容易，只要一提醒就会明白，因为他们是爱国志士，他们的错误是一时的。

（二七）然而速胜论者也是不对的。他们或则根本忘记了强弱这个矛盾，而单单记起了其他矛盾；或则对于中国的长处，夸大得离开了真实情况，变成另一种样子；或则拿一时一地的强弱现象代替了全体中的强弱现象，一叶障目,不见泰山,而自以为是。总之,他们没有勇气承认敌强我弱这件事实。他们常常抹杀这一点,因此抹杀了真理的一方面。他们又没有勇气承认自己长处之有限性,因而抹杀了真理的又一方面。由此犯出或大或小的错误来,这里也是主观性和片面性作怪。这些朋友们的心是好的,他们也是爱国志士。但是"先生之志则大矣",先生的看法则不对,照了做去,一定碰壁。因为估计不符合真相,行动就无法达到目的;勉强行去,败军亡国,结果和失败主义者没有两样。所以也是要不得的。

(二八)我们是否否认亡国危险呢?不否认的。我们承认在中国面前摆着解放和亡国两个可能的前途,两者在猛烈地斗争中。我们的任务在于实现解放而避免亡国。实现解放的条件,基本的是中国的进步,同时,加上敌人的困难和世界的援助。我们和亡国论者不同,我们客观地而且全面地承认亡国和解放两个可能同时存在,着重指出解放的可能占优势及达到解放的条件,并为争取这些条件而努力。亡国论者则主观地和片面地只承认亡国一个可能性,否认解放的可能性,更不会指出解放的条件和为争取这些条件而努力。我们对于妥协倾向和腐败现象也是承认的,但是我们还看到其他倾向和其他现象,并指出二者之中后者对于前者将逐步地占优势,二者在猛烈地斗争着;并指出后者实现的条件,为克服妥协倾向和转变腐败现象而努力。因此,我们并不悲观,而悲观的人们则与此相反。

(二九)我们也不是不喜欢速胜,谁也赞成明天一个早上就把"鬼子"赶出去。但是我们指出,没有一定的条件,速胜只存在于头脑之中,客观上是不存在的,只是幻想和假道理。因此,我们客观地并全面地估计到一切敌我情况,指出只有战略的持久战才是争取最后胜利的唯一途径,而排斥毫无根据的速胜论。我们主张为着争取最后胜利所必要的一切条件而努力,条件多具备一分,早具备一日,胜利的把握就多一分,胜利的时间就早一日。我们认为只有这样才能缩短战争的过程,而排斥贪便宜尚空谈的速胜论。

为什么是持久战?

(三〇)现在我们来把持久战问题研究一下。"为什么是持久战"这一个问题,只有依据全部敌我对比的基本因素,才能得出正确的回答。例如单说敌人是帝国主义的强国,我们是半殖民地半封建的弱国,就有陷入亡国论的危险。因为单纯地以弱敌强,无论在理论上,在实际上,都不能产生持久的结果。单是大小或单是进步退步、多助寡助,也是一样。大并小、小并大的事都是常有的。进步的国家或事物,如果力量不强,常有被大而退步的国家或事物所灭亡者。多助寡助是重要因素,但是附随因素,依敌我本身的基本因素如何而定其作用的大小。因此,我们说抗日战争是持久战,是从全部敌我因素的相互关系产生的结论。敌强我弱,我有灭亡的危险。但敌尚有其他缺点,我尚有其他优点。敌之优点可因我之努力而使之削弱,其缺点亦可因我之努力而使之扩大。我方反是,我之优点可因我之努力而加强,缺点则因我之努力而克服。所以我能最后胜利,避免灭亡,敌则将最后失败,而不能避免整个帝国主义制度的崩溃。

(三一)既然敌之优点只有一个,余皆缺点,我之缺点只有一个,余皆优点,为什么不能得出平衡结果,反而造成了现时敌之优势我之劣势呢?很明显的,不能这样形式地看问题。事情是现时敌我强弱的程度悬殊太大,敌之缺点一时还没有也不能发展到足以减杀其强的因素之必要的程度,我之优点一时也没有且不能发展到足以补充其弱的因素之必要的程度,所以平衡不能出现,而出现的是不平衡。

(三二)敌强我弱,敌是优势而我是劣势,这种情况,虽因我之坚持抗战和坚持统一战线的努力而有所变化,但是还没有产生基本的变化。所以,在战争的一定阶段上,敌能得到一定程度的胜利,我则将遭到一定程度的失败。然而敌我都只限于这一定阶段内一定程度上的胜或败,不能超过而至于全胜或全败,这是什么缘故呢?因为一则敌强我弱之原来状况就是相对的,不是绝对的;二则由于我之坚持抗战和坚持统一战线的努力,更加造成这种相对的形势。拿原来状况来说,敌虽强,但敌之强已为其他不利的因素所减杀,不过此时还没有减杀到足以破坏敌之优势的必要的程度;我虽弱,但我之弱已为其他有利的因素所补充,不过此时还没有补充到足以改变我之劣势的必要的程度。于是形成敌是相对的强,我是相对的弱;敌是相对的优势,我是相对的劣势。双方的强弱优劣原来都不是绝对的,加以战争过程中我之坚持抗战和坚持统一战线的努力,更加变化了敌我原来强弱优劣的形势,因而敌我只限于一定阶段内的一定程度上的胜或败,造成了持久战的局面。

(三三)然而情况是继续变化的。战争过程中,只要我能运用正确的军事的和政治的策略,不犯原则的错误,竭尽最善的努力,敌之不利因素和我之有利因素均将随战争之延长而发展,必能继续改变着敌我强弱的原来程度,继续变化着敌我的优劣形势。到了新的一定阶段时,就将发生强弱程度上和优劣形势上的大变化,而达到敌败我胜的结果。

(三四)目前敌尚能勉强利用其强的因素,我之抗战尚未给他以基本的削弱。其人力、物力不足的因素尚不足以阻止其进攻,反之,尚足以维持其进攻到一定的程度。其足以加剧本国阶级对立和中国民族反抗的因素,即战争之退步性和野蛮性一因素,亦尚未造成足以根本妨碍其进攻的情况。敌人的国际孤立的因素也方在变化发展之中,还没有达到完全的孤立。许多表示助我的国家的军火资本家和战争原料资本家,尚在唯利是图地供给日本以大量的战争物资,他们的政府亦尚不愿和苏联一道用实际方法制裁日本。这一切,规定了我之抗战不能速胜,而只能是持久战。中国方面,弱的因素表现在军事、经济、政治、文化各方面的,虽在十个月抗战中有了某种程度的进步,但距离足以阻止敌之进攻及准备我之反攻的必要的程度,还远得很。且在量的方面,又不得不有所减弱。其各种有利因素,虽然都在起积极作用,但达到足以停止敌之进攻及准备我之反攻的程度则尚有待于巨大的努力。在国内,克服腐败现象,增加进步速度;在国外,克服助日势力,增加反日势力,尚非目前的现实。这一切,又规定了战争不能速胜,而只能是持久战。

持久战的三个阶段

(三五)中日战争既然是持久战,最后胜利又将是属于中国的,那末,就可以合理地设想,这种持久战,将具体地表现于三个阶段之中。第一个阶段,是敌之战略进攻、我之战略防御的时期。第二个阶段,是敌之战略保守、我之准备反攻的时期。第三个阶段,是我之战略反攻、敌之战略退却的时期。三个阶段的具体情况不能预断,但依目前条件来看,战争趋势中的某些大端是可以指出的。客观现实的行程将是异常丰富和曲折变化的,谁也不能造出一本中日战争的"流年"来;然而给战争趋势描画一个轮廓,却为战略指导所必需。所以,尽管描画的东西不能尽合将来的事实,而将为事实所校正,但是为着坚定地有目的地进行持久战的战略指导起见,描画轮廓的事仍然是需要的。

(三六)第一阶段,现在还未完结。敌之企图是攻占广州、武汉、兰州三点,并把三点联系起来。敌欲达此目的,至少出五十个师团,约一百五十万兵员,时间一年半至两年,用费将在一百万万日元以上。敌人如此深入,其困难是非常之大的,其后果将不堪设想。至欲完全占领粤汉铁路和西兰公路,将经历非常危险的战争,未必尽能达其企图。但是我们的作战计划,应把敌人可能占领三点甚至三点以外之某些部分地区并可能互相联系起来作为一种基础,部署持久战,即令敌如此做,我也有应付之方。这一阶段我所采取的战争形式,主要的是运动战,而以游击战和阵地战辅助之。阵地战虽在此阶段之第一期,由于国民党军事当局的主观错误把它放在主要地位,但从全阶段看,仍然是辅助的。此阶段中,中国已经结成了广大的统一战线,实现了空前的团结。敌虽已经采用过并且还将采用卑鄙无耻的劝降手段,企图不费大力实现其速决计划,整个地征服中国,但是过去的已经失败,今后的也难成功。此阶段中,中国虽有颇大的损失,但是同时却有颇大的进步,这种进步就成为第二阶段继续抗战的主要基础。此阶段中,苏联对于我国已经有了大量的援助。敌人方面,士气已开始表现颓靡,敌人陆军进攻的锐气,此阶段的中期已不如初期,末期将更不如初期。敌之财政和经济已开始表现其竭蹶状态,人民和士兵的厌战情绪已开始发生,战争指导集团的内部已开始表现其"战争的烦闷",生长着对于战争前途的悲观。

（三七）第二阶段，可以名之曰战略的相持阶段。第一阶段之末尾，由于敌之兵力不足和我之坚强抵抗，敌人将不得不决定在一定限度上的战略进攻终点，到达此终点以后，即停止其战略进攻，转入保守占领地的阶段。此阶段内，敌之企图是保守占领地，以组织伪政府的欺骗办法据之为己有，而从中国人民身上尽量搜括东西，但是在他的面前又遇着顽强的游击战争。游击战争在第一阶段中乘着敌后空虚将有一个普遍的发展，建立许多根据地，基本上威胁到敌人占领地的保守，因此第二阶段仍将有广大的战争。此阶段中我之作战形式主要的是游击战，而以运动战辅助之。此时中国尚能保有大量的正规军，不过一方面因敌在其占领的大城市和大道中取战略守势，一方面因中国技术条件一时未能完备，尚难迅即举行战略反攻。除正面防御部队外，我军将大量地转入敌后，比较地分散配置，依托一切敌人未占区域，配合民众武装，向敌人占领地作广泛的和猛烈的游击战争，并尽可能地调动敌人于运动战中消灭之，如同现在山西的榜样。此阶段的战争是残酷的，地方将遇到严重的破坏。但是游击战争能够胜利，做得好，可能使敌只能保守占领地三分之一左右的区域，三分之二左右仍然是我们的，这就是敌人的大失败，中国的大胜利。那时，整个敌人占领地将分为三种地区：第一种是敌人的根据地，第二种是游击战争的根据地，第三种是双方争夺的游击区。这个阶段的时间的长短，依敌我力量增减变化的程度如何及国际形势变动如何而定，大体上我们要准备付出较长的时间，要熬得过这段艰难的路程。这将是中国很痛苦的时期，经济困难和汉奸捣乱将是两个很大的问题。敌人将大肆其破坏中国统一战线的活动，一切敌之占领地的汉奸组织将合流组成所谓"统一政府"。我们内部，因大城市的丧失和战争的困难，动摇分子将大倡其妥协论，悲观情绪将严重地增长。此时我们的任务，在于动员全国民众，齐心一致，绝不动摇地坚持战争，把统一战线扩大和巩固起来，排除一切悲观主义和妥协论，提倡艰苦斗争，实行新的战时政策，熬过这一段艰难的路程。此阶段内，必须号召全国坚决地维持一个统一政府，反对分裂，有计划地增强作战技术，改造军队，动员全民，准备反攻。此阶段中，国际形势将变到更于日本不利,虽可能有张伯伦一类的迁就所谓"既成事实"的"现实主义"的调头出现,但主要的国际势力将变到进一步地援助中国。日本威胁南洋和威胁西伯利亚,将较之过去更加严重,甚至爆发新的战争。敌人方面,陷在中国泥潭中的几十个师团抽不出去。广大的游击战争和人民抗日运动将疲惫这一大批日本军,一方面大量地消耗之,又一方面进一步地增长其思乡厌战直至反战的心理,从精神上瓦解这个军队。日本在中国的掠夺虽然不能说它绝对不能有所成就,但是日本资本缺乏,又困于游击战争,急遽的大量的成就是不可能的。这个第二阶段是整个战争的过渡阶段,也将是最困难的时期,然而它是转变的枢纽。中国将变为独立国,还是沦为殖民地,不决定于第一阶段大城市之是否丧失,而决定于第二阶段全民族努力的程度。如能坚持抗战,坚持统一战线和坚持持久战,中国将在此阶段中获得转弱为强的力量。中国抗战的三幕戏,这是第二幕。由于全体演员的努力,最精彩的结幕便能很好地演出来。

(三八)第三阶段,是收复失地的反攻阶段。收复失地,主要地依靠中国自己在前阶段中准备着的和在本阶段中继续地生长着的力量。然而单只自己的力量还是不够的,还须依靠国际力量和敌国内部变化的援助,否则是不能胜利的,因此加重了中国的国际宣传和外交工作的任务。这个阶段,战争已不是战略防御,而将变为战略反攻了,在现象上,并将表现为战略进攻;已不是战略内线,而将逐渐地变为战略外线。直至打到鸭绿江边,才算结束了这个战争。第三阶段是持久战的最后阶段,所谓坚持战争到底,就是要走完这个阶段的全程。这个阶段我所采取的主要的战争形式仍将是运动战,但是阵地战将提到重要地位。如果说,第一阶段的阵地防御,由于当时的条件,不能看作重要的,那末,第三阶段的阵地攻击,由于条件的改变和任务的需要,将变成颇为重要的。此阶段内的游击战,仍将辅助运动战和阵地战而起其战略配合的作用,和第二阶段之变为主要形式者不相同。

二、《湖南农民运动考察报告》[①](节选)

（一九二七年三月）

农民问题的严重性

我这回到湖南，实地考察了湘潭、湘乡、衡山、醴陵、长沙五县的情况。从一月四日起至二月五日止，共三十二天，在乡下，在县城，召集有经验的农民和农运工作同志开调查会，仔细听他们的报告，所得材料不少。许多农民运动的道理，和在汉口、长沙从绅士阶级那里听得的道理，完全相反。许多奇事，则见所未见，闻所未闻。我想这些情形，很多地方都有。所有各种反对农民运动的议论，都必须迅速矫正。革命当局对农民运动的各种错误处置，必须迅速变更。这样，才于革命前途有所补益。因为目前农民运动的兴起是一个极大的问题。很短的时间内，将有几万万农民从中国中部、南部和北部各省起来，其势如暴风骤雨，迅猛异常，无论什么大的力量都将压抑不住。他们将冲决一切束缚他们的罗网，朝着解放的路上迅跑。一切帝国主义、军阀、贪官污吏、土豪劣绅，都将被他们葬入坟墓。一切革命的党派、革命的同志，都将在他们面前受他们的检验而决定弃取。站在他们的前头领导他们呢？还是站在他们的后头指手画脚地批评他们呢？还是站在他们的对面反对他们呢？每个中国人对于这三项都有选择的自由，不过时局将强迫你迅速地选择罢了。

---

① 《毛泽东选集》，北京：人民出版社，1991年第二版，第一卷，第12-42页。

组织起来

湖南的农民运动,就湘中、湘南已发达的各县来说,大约分为两个时期。去年一月至九月为第一时期,即组织时期。此时期内,一月至六月为秘密活动时期,七月至九月革命军驱逐赵恒惕,为公开活动时期。此时期内,农会会员的人数总计不过三四十万,能直接领导的群众也不过百余万,在农村中还没有什么斗争,因此各界对它也没有什么批评。因为农会会员能作向导,作侦探,作挑夫,北伐军的军官们还有说几句好话的。十月至今年一月为第二时期,即革命时期。农会会员激增到二百万,能直接领导的群众增加到一千万。因为农民入农会大多数每家只写一个人的名字,故会员二百万,群众便有约一千万。在湖南农民全数中,差不多组织了一半。如湘潭、湘乡、浏阳、长沙、醴陵、宁乡、平江、湘阴、衡山、衡阳、耒阳、郴县、安化等县,差不多全体农民都集合在农会的组织中,都立在农会领导之下。农民既已有了广大的组织,便开始行动起来,于是在四个月中造成一个空前的农村大革命。

打倒土豪劣绅,一切权力归农会

农民的主要攻击目标是土豪劣绅,不法地主,旁及各种宗法的思想和制度,城里的贪官污吏,乡村的恶劣习惯。这个攻击的形势,简直是急风暴雨,顺之者存,违之者灭。其结果,把几千年封建地主的特权,打得个落花流水。地主的体面威风,扫地以尽。地主权力既倒,农会便成了唯一的权力机关,真正办到了人们所谓"一切权力归农会"。连两公婆吵架的小事,也要到农民协会去解决。一切事情,农会的人不到场,便不能解决。农会在乡村简直独裁一切,真是"说得出,做得到"。外界的人只能说农会好,不能说农会坏。土豪劣绅,不法地主,则完全被剥夺了发言权,没有人敢说半个不字。在农会威力之下,土豪劣绅们头等的跑到上海,二等的跑到汉口,三等的跑到长沙,四等的跑到县城,五等以下土豪劣绅崽子则在乡里向农会投降。

"我出十块钱,请你们准我进农民协会。"小劣绅说。

"嘻！谁要你的臭钱!"农民这样回答。

好些中小地主、富农乃至中农，从前反对农会的，此刻求入农会不可得。我到各处，常常遇到这种人，这样向我求情："请省里来的委员作保!"

前清地方造丁口册，有正册、另册二种，好人入正册，匪盗等坏人入另册。现在有些地方的农民便拿了这事吓那些从前反对农会的人："把他们入另册!"

那些人怕入另册，便多方设法求入农会，一心要想把他们的名字写上那农会的册子才放心。但他们往往遭农会严厉拒绝，所以他们总是悬心吊胆地过日子；摈在农会的门外，好像无家可归的样子，乡里话叫做"打零"。总之，四个月前被一般人看不起的所谓"农民会"，现在却变成顶荣耀的东西。从前拜倒在绅士权力下面的人，现在却拜倒在农民权力之下。无论什么人，都承认去年十月以前和十月以后是两个世界。

"糟得很"和"好得很"

农民在乡里造反，搅动了绅士们的酣梦。乡里消息传到城里来，城里的绅士立刻大哗。我初到长沙时，会到各方面的人，听到许多的街谈巷议。从中层以上社会至国民党右派，无不一言以蔽之曰："糟得很。"即使是很革命的人吧，受了那班"糟得很"派的满城风雨的议论的压迫，他闭眼一想乡村的情况，也就气馁起来，没有法子否认这"糟"字。很进步的人也只是说："这是革命过程中应有的事，虽则是糟。"总而言之，无论什么人都无法完全否认这"糟"字。实在呢，如前所说，乃是广大的农民群众起来完成他们的历史使命，乃是乡村的民主势力起来打翻乡村的封建势力。宗法封建性的土豪劣绅，不法地主阶级，是几千年专制政治的基础，帝国主义、军阀、贪官污吏的墙脚。打翻这个封建势力，乃是国民革命的真正目标。孙中山先生致力国民革命凡四十年，所要做而没有做到的事，农民在几个月内做到了。这是四十年乃至几千年未曾成就过的奇勋。这是好得很。完全没有什么"糟"，完全不是什么"糟得很"。"糟得很"，明明是站在地主利益方面打击农民起来的理论,明明是地主阶级企图保存封建旧秩序,阻碍建设民主新秩序的理论,明明是反革命的理论。每个革命的同志,都不应该跟着瞎说。你若是一个确定了革命观点的人,而且是跑到乡村里去看过一遍的,你必定觉到一种从来未有的痛快。无数万成群的奴隶——农民,在那里打翻他们的吃人的仇敌。农民的举动,完全是对的,他们的举动好得很!"好得很"是农民及其他革命派的理论。一切革命同志须知:国民革命需要一个大的农村变动。辛亥革命没有这个变动,所以失败了。现在有了这个变动,乃是革命完成的重要因素。一切革命同志都要拥护这个变动,否则他就站到反革命立场上去了。

所谓"过分"的问题

又有一般人说:"农会虽要办,但是现在农会的举动未免太过分了。"这是中派的议论。实际怎样呢?的确的,农民在乡里颇有一点子"乱来"。农会权力无上,不许地主说话,把地主的威风扫光。这等于将地主打翻在地,再踏上一只脚。"把你入另册!"向土豪劣绅罚款捐款,打轿子。反对农会的土豪劣绅的家里,一群人涌进去,杀猪出谷。土豪劣绅的小姐少奶奶的牙床上,也可以踏上去滚一滚。动不动捉人戴高帽子游乡,"劣绅!今天认得我们!"为所欲为,一切反常,竟在乡村造成一种恐怖现象。这就是一些人的所谓"过分",所谓"矫枉过正",所谓"未免太不成话"。这派议论貌似有理,其实也是错的。第一,上述那些事,都是土豪劣绅、不法地主自己逼出来的。土豪劣绅、不法地主,历来凭借势力称霸,践踏农民,农民才有这种很大的反抗。凡是反抗最力、乱子闹得最大的地方,都是土豪劣绅、不法地主为恶最甚的地方。农民的眼睛,全然没有错的。谁个劣,谁个不劣,谁个最甚,谁个稍次,谁个惩办要严,谁个处罚从轻,农民都有极明白的计算,罚不当罪的极少。第二,革命不是请客吃饭,不是做文章,不是绘画绣花,不能那样雅致,那样从容不迫,文质彬彬,那样温良恭俭让。革命是暴动,是一个阶级推翻一个阶级的暴烈的行动。农村革命是农民阶级推翻封建地主阶级的权力的革命。农民若不用极大的力量,决不能推翻几千年根深蒂固的地主权力。农村中须有一个大的革命热潮,才能鼓动成千成万的群众,形成一个大的力量。上面所述那些所谓"过分"的举动,都是农民在乡村中由大的革命热潮鼓动出来的力量所造成的。这些举动,在农民运动第二时期(革命时期)是非常之需要的。在第二时期内,必须建立农民的绝对权力。必须不准人恶意地批评农会。必须把一切绅权都打倒,把绅士打在地下,甚至用脚踏上。所有一切所谓"过分"的举动,在第二时期都有革命的意义。质言之,每个农村都必须造成一个短时期的恐怖现象,非如此决不能镇压农村反革命派的活动,决不能打倒绅权。矫枉必须过正,不过正不能矫枉。这一派的议论,表面上和前一派不同,但其实质则和前一派同站在一个观点上,依然是拥护特权阶级利益的地主理论。这种理论,阻碍农民运动的兴起,其结果破坏了革命,我们不能不坚决地反对。

所谓"痞子运动"

国民党右派说:"农民运动是痞子运动,是惰农运动。"这种议论,在长沙颇盛行。我跑到乡下,听见绅士们说:"农民协会可以办,但是现在办事人不行,要换人啦!"这种议论,和右派的话是一个意思,都是说农运可做(因农民运动已起来,无人敢说不可做),但是现在做农运的人不行,尤其痛恨下级农民协会办事人,说他们都是些"痞子"。总而言之,一切从前为绅士们看不起的人,一切被绅士们打在泥沟里,在社会上没有了立足地位,没有了发言权的人,现在居然伸起头来了。不但伸起头,而且掌权了。他们在乡农民协会(农民协会的最下级)称王,乡农民协会在他们手里弄成很凶的东西了。他们举起他们那粗黑的手,加在绅士们头上了。他们用绳子捆绑了劣绅,给他戴上高帽子,牵着游乡(湘潭、湘乡叫游团,醴陵叫游垅)。他们那粗重无情的斥责声,每天都有些送进绅士们的耳朵里去。他们发号施令,指挥一切。他们站在一切人之上——从前站在一切人之下,所以叫做反常。

革命先锋

对于一件事或一种人，有相反的两种看法，便出来相反的两种议论。"糟得很"和"好得很"，"痞子"和"革命先锋"，都是适例。

前面说了农民成就了多年未曾成就的革命事业，农民做了国民革命的重要工作。但是这种革命大业，革命重要工作，是不是农民全体做的呢？不是的。农民中有富农、中农、贫农三种。三种状况不同，对于革命的观感也各别。当第一时期，富农耳里听得的是所谓江西一败如水，蒋介石打伤了脚，坐飞机回广东了。吴佩孚重新占了岳州。农民协会必定立不久，三民主义也兴不起，因为这是所谓从来没有的东西。乡农民协会的办事人（多属所谓"痞子"之类），拿了农会的册子，跨进富农的大门，对富农说："请你进农民协会。"富农怎样回答呢？"农民协会吗？我在这里住了几十年，种了几十年田，没有见过什么农民协会，也吃饭。我劝你们不办的好！"富农中态度好点的这样说。"什么农民协会，砍脑壳会，莫害人！"富农中态度恶劣的这样说。新奇得很，农民协会居然成立了好几个月，而且敢于反对绅士。邻近的绅士因为不肯缴鸦片枪，被农民协会捉了去游乡。县城里并且杀了大绅士，例如湘潭的晏容秋，宁乡的杨致泽。十月革命纪念大会，反英大会，北伐胜利总庆祝，每乡都有上万的农民举起大小旗帜，杂以扁担锄头，浩浩荡荡，出队示威。这时，富农才开始惶惑起来。在北伐胜利总庆祝中，他们听见说，九江也打开了，蒋介石没有伤脚，吴佩孚究竟打败了。而且"三民主义万岁"，"农民协会万岁"，"农民万岁"等等，明明都写在"红绿告示"（标语）上面。"农民万岁，这些人也算作万岁吗？"富农表示很大的惶惑。农会于是神气十足了。农会的人对富农说："把你们入另册！"或者说："再过一个月，入会的每人会费十块钱！"在这样的形势之下，富农才慢慢地进了农会，有些是缴过五角钱或一块钱（本来只要一百钱）入会费的，有些是托人说情才邀了农会允许的。亦有好些顽固党，至今还没有入农会。富农入会，多把他那家里一个六七十岁的老头子到农会去上一个名字,因为他们始终怕"抽丁"。入会后,也并不热心替农会做事。他们的态度始终是消极的。

中农呢?他们的态度是游移的。他们想到革命对他们没有什么大的好处。他们锅里有米煮,没有人半夜里敲门来讨账。他们也根据从来有没有的道理,独自皱着眉头在那里想:"农民协会果然立得起来吗?""三民主义果然兴得起来吗?"他们的结论是:"怕未必!"他们以为这全决于天意:"办农民会,晓得天意顺不顺咧?"在第一时期内,农会的人拿了册子,进了中农的门,对着中农说道:"请你加入农民协会!"中农回答道:"莫性急啦!"一直到第二时期,农会势力大盛,中农方加入农会。他们在农会的表现比富农好,但暂时还不甚积极,他们还要看一看。农会争取中农入会,向他们多作解释工作,是完全必要的。

乡村中一向苦战奋斗的主要力量是贫农。从秘密时期到公开时期,贫农都在那里积极奋斗。他们最听共产党的领导。他们和土豪劣绅是死对头,他们毫不迟疑地向土豪劣绅营垒进攻。他们对着富农说:"我们早进了农会,你们为什么还迟疑?"富农带着讥笑的声调说道:"你们上无片瓦,下无插针之地,有什么不进农会!"的确,贫农们不怕失掉什么。他们中间有很多人,确实是"上无片瓦,下无插针之地",他们有什么不进农会?据长沙的调查:乡村人口中,贫农占百分之七十,中农占百分之二十,地主和富农占百分之十。百分之七十的贫农中,又分赤贫、次贫二类。全然无业,即既无土地,又无资金,完全失去生活依据,不得不出外当兵,或出去做工,或打流当乞丐的,都是"赤贫",占百分之二十。半无业,即略有土地,或略有资金,但吃的多,收的少,终年在劳碌愁苦中过生活的,如手工工人、佃农(富佃除外)、半自耕农等,都是"次贫",占百分之五十。这个贫农大群众,合共占乡村人口百分之七十,乃是农民协会的中坚,打倒封建势力的先锋,成就那多年未曾成就的革命大业的元勋。没有贫农阶级(照绅士的话说,没有"痞子"),决不能造成现时乡村的革命状态,决不能打倒土豪劣绅,完成民主革命。贫农,因为最革命,所以他们取得了农会的领导权。所有最下一级农民协会的委员长、委员,在第一第二两个时期中,几乎全数是他们(衡山县乡农民协会职员,赤贫阶层占百分之五十,次贫阶层占百分之四十,穷苦知识分子占百分之十)。这个贫农领导,是非常之需要的。没有贫农,便没有革命。若否认他们,便是否认革命。若打击他们,便是打击革命。他们的革命大方向始终没有错。他们损伤了土豪劣绅的体面。他们打翻了大小土豪劣绅在地上,并且踏上一只脚。他们在革命期内的许多所谓"过分"举动,实在正是革命的需要。湖南有些县的县政府、县党部和县农会,已经做了若干错处,竟有循地主之请,派兵拘捕下级农会职员的。衡山、湘乡二县的监狱里,关了好多个乡农民协会委员长、委员。这个错误非常之大,助长了反动派的气焰。只要看拘捕了农民协会委员长、委员,当地的不法地主们便大高兴,反动空气便大增高,就知道这事是否错误。我们要反对那些所谓"痞子运动"、"惰农运动"的反革命议论,尤其要注意不可做出帮助土豪劣绅打击贫农阶级的错误行动。事实上,贫农领袖中,从前虽有些确是有缺点的,但是现在多数都变好了。他们自己在那里努力禁牌赌,清盗匪。农会势盛地方,牌赌禁绝,盗匪潜踪。有些地方真个道不拾遗,夜不闭户。据衡山的调查,贫农领袖百人中八十五人都变得很好,很能干,很努力。只有百分之十五,尚有些不良习惯。这只能叫做"少数不良分子",决不能跟着土豪劣绅的口白,笼统地骂"痞子"。要解决这"少数不良分子"的问题,也只能在农会整顿纪律的口号之下,对群众做宣传,对他们本人进行训练,把农会的纪律整好,决不能随便派兵捉人,损害贫农阶级的威信,助长土豪劣绅的气势。这一点是非常要注意的。

十四件大事

一般指摘农会的人说农会做了许多坏事。我在前面已经指出,农民打土豪劣绅这件事完全是革命行为,并没有什么可指摘。但是农民所做的事很多,为了答复人们的指摘,我们须得把农民所有的行动过细检查一遍,逐一来看他们的所作所为究竟是怎么样。我把几个月来农民的行动分类总计起来,农民在农民协会领导之下总共作了十四件大事,如下所记。

第一件 将农民组织在农会里

这是农民所做的第一件大事。像湘潭、湘乡、衡山这样的县,差不多所有的农民都组织起来了,几乎没有哪一只"角暗里"的农民没有起来,这是第一等。有些县,农民组织起来了一大部分,尚有一小部分没有组织,如益阳、华容等县,这是第二等。有些县,农民组织起来了一小部分,大部分尚未组织起来,如城步、零陵等县,这是第三等。湘西一带,在袁祖铭势力之下,农会宣传未到,许多县的农民还全未组织起来,这是第四等。大概以长沙为中心的湘中各县最发展,湘南各县次之,湘西还在开始组织中。据去年十一月省农民协会统计,全省七十五县中,三十七县有了组织,会员人数一百三十六万七千七百二十七人。此数中,约有一百万是去年十月、十一月两个月内农会势力大盛时期组织的,九月以前还不过三四十万人。现又经过十二月、一月两个月,农民运动正大发展。截至一月底止,会员人数至少满了二百万。因入会一家多只登记一人,平均每家以五口计,群众便约有一千万。这种惊人的加速度的发展,是所以使一切土豪劣绅贪官污吏孤立,使社会惊为前后两个世界,使农村造成大革命的原因。这是农民在农民协会领导之下所做的第一件大事。

第二件 政治上打击地主

农民有了组织之后,第一个行动,便是从政治上把地主阶级特别是土豪劣绅的威风打下去,即是从农村的社会地位上把地主权力打下去,把农民权力长上来。这是一个极严重极紧要的斗争。这个斗争是第二时期即革命时期的中心斗争。这个斗争不胜利,一切减租减息,要求土地及其他生产手段等等的经济斗争,决无胜利之可能。湖南许多地方,像湘乡、衡山、湘潭等县,地主权力完全推翻,形成了农民的独一权力,自无问题。但是醴陵等县,尚有一部分地方(如醴陵之西南两区),表面上地主权力低于农民权力,实际上因为政治斗争不激烈,地主权力还隐隐和农民权力对抗。这些地方,还不能说农民已得了政治的胜利,还须加劲作政治斗争,至地主权力被农民完全打下去为止。综计农民从政治上打击地主的方法有如下各项：

清算。土豪劣绅经手地方公款,多半从中侵蚀,账目不清。这回农民拿了清算的题目,打翻了很多的土豪劣绅。好多地方组织了清算委员会,专门向土豪劣绅算账,土豪劣绅看了这样的机关就打颤。这样的清算运动,在农民运动起来的各县做得很普遍,意义不重在追回款子,重在宣布土豪劣绅的罪状,把土豪劣绅的政治地位和社会地位打下去。

罚款。清算结果,发现舞弊,或从前有鱼肉农民的劣迹,或现在有破坏农会的行为,或违禁牌赌,或不缴烟枪。在这些罪名之下,农民议决,某土豪罚款若干,某劣绅罚款若干,自数十元至数千元不等。被农民罚过的人,自然体面扫地。

捐款。向为富不仁的地主捐款救济贫民,办合作社,办农民贷款所,或作他用。捐款也是一种惩罚,不过较罚款为轻。地主为免祸计,自动地捐款给农会的,亦颇不少。

小质问。遇有破坏农会的言论行动而罪状较轻的,则邀集多人涌入其家,提出比较不甚严重的质问。结果,多要写个"休息字",写明从此终止破坏农会名誉的言论行动了事。

大示威。统率大众,向着和农会结仇的土豪劣绅示威,在他家里吃饭,少不得要杀猪出谷,此类事颇不少。最近湘潭马家河,有率领一万五千群众向六个劣绅问罪,延时四日,杀猪百三十余个的事。示威的结果,多半要罚款。

戴高帽子游乡。这种事各地做得很多。把土豪劣绅戴上一顶纸扎的高帽子,在那帽子上面写上土豪某某或劣绅某某字样。用绳子牵着,前后簇拥着一大群人。也有敲打铜锣,高举旗帜,引人注目的。这种处罚,最使土豪劣绅颤栗。戴过一次高帽子的,从此颜面扫地,做不起人。故有钱的多愿罚款,不愿戴高帽子。但农民不依时,还是要戴。有一个乡农会很巧妙,捉了一个劣绅来,声言今天要给他戴高帽子。劣绅于是吓黑了脸。但是,农会议决,今天不给他戴高帽子。因为今天给他戴过了,这劣绅横了心,不畏罪了,不如放他回去，等日再戴。那劣绅不知何日要戴高帽子，每日在家放心不下，坐卧不宁。

关进县监狱。这是比戴高帽子更重的罪。把土豪劣绅捉了，送进知事公署的监狱，关起来，要知事办他的罪。现在监狱里关人和从前两样，从前是绅士送农民来关，现在是农民送绅士来关。

驱逐。土豪劣绅中罪恶昭著的，农民不是要驱逐，而是要捉他们，或杀他们。他们怕捉怕杀，逃跑出外。重要的土豪劣绅，在农民运动发达县份，几乎都跑光了，结果等于被驱逐。他们中间，头等的跑到上海，次等的跑到汉口，三等的跑到长沙，四等的跑到县城。这些逃跑的土豪劣绅，以逃到上海的为最安全。逃到汉口的，如华容的三个劣绅，终被捉回。逃到长沙的，更随时有被各县旅省学生捕获之虞，我在长沙就亲眼看见捕获两个。逃到县城的，资格已是第四等了，农民耳目甚多，发觉甚易。湖南政府财政困难，财政当局曾归咎于农民驱逐阔人，以致筹款不易，亦可见土豪劣绅不容于乡里之一斑。

枪毙。这必是很大的土豪劣绅，农民和各界民众共同做的。例如宁乡的杨致泽，岳阳的周嘉淦，华容的傅道南、孙伯助，是农民和各界人民督促政府枪毙的。湘潭的晏容秋，则是农民和各界人民强迫县长同意从监狱取出，由农民自己动手枪毙的。宁乡的刘昭，是农民直接打死的。醴陵的彭志蕃，益阳的周天爵、曹云，则正待"审判土豪劣绅特别法庭"判罪处决。这样的大劣绅、大土豪，枪毙一个，全县震动，于肃清封建余孽，极有效力。这样的大土豪劣绅，各县多的有几十个，少的也有几个，每县至少要把几个罪大恶极的处决了，才是镇压反动派的有效方法。土豪劣绅势盛时，杀农民真是杀人不眨眼。长沙新康镇团防局长何迈泉，办团十年，在他手里杀死的贫苦农民将近一千人，美其名曰"杀匪"。我的家乡湘潭县银田镇团防局长汤峻岩、罗叔林二人，民国二年以来十四年间，杀人五十多，活埋四人。被杀的五十多人中，最先被杀的两人是完全无罪的乞丐。汤峻岩说："杀两个叫花子开张！"这两个叫花子就是这样一命呜呼了。以前土豪劣绅的残忍，土豪劣绅造成的农村白色恐怖是这样,现在农民起来枪毙几个土豪劣绅,造成一点小小的镇压反革命派的恐怖现象,有什么理由说不应该?

第三件　经济上打击地主

不准谷米出境,不准高抬谷价,不准囤积居奇。这是近月湖南农民经济斗争上一件大事。从去年十月至现在,贫农把地主富农的谷米阻止出境,并禁止高抬谷价和囤积居奇。结果,贫农的目的完全达到,谷米阻得水泄不通,谷价大减,囤积居奇的绝迹。

不准加租加押,宣传减租减押。去年七八月间,农会还在势力弱小时期,地主依然按照剥削从重老例,纷纷通知佃农定要加租加押。但是到了十月,农会势力大增,一致反对加租加押,地主便不敢再提加租加押四字。及至十一月后,农民势力压倒地主势力,农民乃进一步宣传减租减押。农民说:可惜去秋交租时农会尚无力量,不然去秋就减了租了。对于今秋减租,农民正大做宣传,地主们亦在问减租办法。至于减押,衡山等县目下已在进行。

不准退佃。去年七八月间,地主还有好多退佃另佃的事。十月以后,无人敢退佃了。现在退佃另佃已完全不消说起,只有退佃自耕略有点问题。有些地方,地主退佃自耕,农民也不准。有些地方,地主如自耕,可以允许退佃,但同时发生了佃农失业问题。此问题尚无一致的解决办法。

减息。安化已普遍地减了息,他县亦有减息的事。惟农会势盛地方,地主惧怕"共产",完全"卡借",农村几无放债的事。此时所谓减息,限于旧债。旧债不仅减息,连老本也不许债主有逼取之事。贫农说:"怪不得,年岁大了,明年再还吧!"

第四件　推翻土豪劣绅的封建统治——打倒都团

旧式的都团(即区乡)政权机关,尤其是都之一级,即接近县之一级,几乎完全是土豪劣绅占领。"都"管辖的人口有一万至五六万之多,有独立的武装如团防局,有独立的财政征收权如亩捐等,有独立的司法权如随意对农民施行逮捕、监禁、审问、处罚。这样的机关里的劣绅,简直是乡里王。农民对政府如总统、督军、县长等还比较不留心,这班乡里王才真正是他们的"长上",他们鼻子里哼一声,农民晓得这是要十分注意的。这回农村造反的结果,地主阶级的威风普遍地打下来,土豪劣绅把持的乡政机关,自然跟了倒塌。都总团总躲起不敢出面,一切地方上的事都推到农民协会去办。他们应付的话是:

"不探(管)闲事!"

农民们相与议论,谈到都团总,则愤然说:

"那班东西么,不作用了!"

"不作用"三个字,的确描画了经过革命风潮地方的旧式乡政机关。

第五件 推翻地主武装,建立农民武装

湖南地主阶级的武装,中路较少,西南两路较多。平均每县以六百枝步枪计,七十五县共有步枪四万五千枝,事实上或者还要多。农民运动发展区域之中南两路,因农民起来形势甚猛,地主阶级招架不住,其武装势力大部分投降农会,站在农民利益这边,例如宁乡、平江、浏阳、长沙、醴陵、湘潭、湘乡、安化、衡山、衡阳等县。小部分站在中立地位,但倾向于投降,例如宝庆等县。再一小部分则站在和农会敌对地位,例如宜章、临武、嘉禾等县,但现时农民正在加以打击,可能于不久时间消灭其势力。这样由反动的地主手里拿过来的武装,将一律改为"挨户团常备队",放在新的乡村自治机关——农民政权的乡村自治机关管理之下。这种旧武装拿过来,是建设农民武装的一方面。建设农民武装另有一个新的方面,即农会的梭镖队。梭镖——一种接以长柄的单尖两刃刀,单湘乡一县有十万枝。其他各县,如湘潭、衡山、醴陵、长沙等,七八万枝、五六万枝、三四万枝不等。凡有农民运动各县,梭镖队便迅速地发展。这种有梭镖的农民,将成为"挨户团非常备队"。这个广大的梭镖势力,大于前述旧武装势力,是使一切土豪劣绅看了打颤的一种新起的武装力量。湖南的革命当局,应使这种武装力量确实普及于七十五县二千余万农民之中,应使每个青年壮年农民都有一柄梭镖,而不应限制它,以为这是可以使人害怕的东西。若被这种梭镖队

吓翻了,那真是胆小鬼!只有土豪劣绅看了害怕,革命党决不应该看了害怕。

第六件　推翻县官老爷衙门差役的政权

县政治必须农民起来才能澄清,广东的海丰已经有了证明。这回在湖南,尤其得到了充分的证明。在土豪劣绅霸占权力的县,无论什么人去做知事,几乎都是贪官污吏。在农民已经起来的县,无论什么人去,都是廉洁政府。我走过的几县,知事遇事要先问农民协会。在农民势力极盛的县,农民协会说话是"飞灵的"。农民协会要早晨捉土豪劣绅,知事不敢挨到中午,要中午捉,不敢挨到下午。农民的权力在乡间初涨起来的时候,县知事和土豪劣绅是勾结一起共同对付农民的。在农民的权力涨至和地主权力平行的时候,县知事取了向地主农民两边敷衍的态度,农民协会的话,有一些被他接受,有一些被他拒绝。上头所说农会说话飞灵,是在地主权力被农民权力完全打下去了的时候。现在像湘乡、湘潭、醴陵、衡山等县的县政治情况是:

(一)凡事取决于县长和革命民众团体的联合会议。这种会议,由县长召集,在县署开。有些县名之曰"公法团联席会议",有些县名之曰"县务会议"。出席的人,县长以外,为县农民协会、县总工会、县商民协会、县女界联合会、县教职员联合会、县学生联合会以及国民党县党部的代表们。在这样的会议里,各民众团体的意见影响县长,县长总是唯命是听。所以,在湖南采用民主的委员制县政治组织,应当是没有问题的了。现在的县政府,形式和实质,都已经是颇民主的了。达到这种形势,是最近两三个月的事,即农民从四乡起来打倒了土豪劣绅权力以后的事。知事看见旧靠山已倒,要做官除非另找靠山,这才开始巴结民众团体,变成了上述的局面。

(二)承审员没有案子。湖南的司法制度,还是知事兼理司法,承审员助知事审案。知事及其僚佐要发财,全靠经手钱粮捐派,办兵差和在民刑诉讼上颠倒敲诈这几件事,尤以后一件为经常可靠的财源。几个月来,土豪劣绅倒了,没有了讼棍。农民的大小事,又一概在各级农会里处理。所以,县公署的承审员,简直没有事做。湘乡的承审员告诉我:"没有农民协会以前,县公署平均每日可收六十件民刑诉讼禀帖;有农会后,平均每日只有四五件了。"于是知事及其僚佐们的荷包,只好空着。

(三)警备队、警察、差役,一概敛迹,不敢下乡敲诈。从前乡里人怕城里人,现在城里人怕乡里人。尤其是县政府豢养的警察、警备队、差役这班恶狗,他们怕下乡,下乡也不敢再敲诈。他们看见农民的梭镖就发抖。

第七件 推翻祠堂族长的族权和城隍土地菩萨的神权以至丈夫的男权

中国的男子,普通要受三种有系统的权力的支配,即:(一)由一国、一省、一县以至一乡的国家系统(政权);(二)由宗祠、支祠以至家长的家族系统(族权);(三)由阎罗天子、城隍庙王以至土地菩萨的阴间系统以及由玉皇上帝以至各种神怪的神仙系统——总称之为鬼神系统(神权)。至于女子,除受上述三种权力的支配以外,还受男子的支配(夫权)。这四种权力——政权、族权、神权、夫权,代表了全部封建宗法的思想和制度,是束缚中国人民特别是农民的四条极大的绳索。农民在乡下怎样推翻地主的政权,已如前头所述。地主政权,是一切权力的基干。地主政权既被打翻,族权、神权、夫权便一概跟着动摇起来。农会势盛地方,族长及祠款经管人不敢再压迫族下子孙,不敢再侵蚀祠款。坏的族长、经管,已被当作土豪劣绅打掉了。从前祠堂里"打屁股"、"沉潭"、"活埋"等残酷的肉刑和死刑,再也不敢拿出来了。女子和穷人不能进祠堂吃酒的老例,也被打破。衡山白果地方的女子们,结队拥入祠堂,一屁股坐下便吃酒,族尊老爷们只好听她们的便。又有一处地方,因禁止贫农进祠堂吃酒,一批贫农拥进去,大喝大嚼,土豪劣绅长褂先生吓得都跑了。神权的动摇,也是跟着农民运动的发展而普遍。许多地方,农民协会占了神的庙宇做会所。一切地方的农民协会,都主张提取庙产办农民学校,做农会经费,名之曰"迷信公款"。醴陵禁迷信、打菩萨之风颇盛行。北乡各区农民禁止家神老爷(傩神)游香。渌口伏波岭庙内有许多菩萨,因为办国民党区党部房屋不够,把大小菩萨堆于一角,农民无异言。

自此以后,人家死了人,敬神、做道场、送大王灯的,就很少了。这事,因为是农会委员长孙小山倡首,当地的道士们颇恨孙小山。北三区龙凤庵农民和小学教师,砍了木菩萨煮肉吃。南区东富寺三十几个菩萨都给学生和农民共同烧掉了,只有两个小菩萨名"包公老爷"者,被一个老年农民抢去了,他说:"莫造孽!"在农民势力占了统治地位的地方,信神的只有老年农民和妇女,青年和壮年农民都不信了。农民协会是青年和壮年农民当权,所以对于推翻神权,破除迷信,是各处都在进行中的。夫权这种东西,自来在贫农中就比较地弱一点,因为经济上贫农妇女不能不较富有阶级的女子多参加劳动,所以她们取得对于家事的发言权以至决定权的是比较多些。至近年,农村经济益发破产,男子控制女子的基本条件,业已破坏了。最近农民运动一起,许多地方,妇女跟着组织了乡村女界联合会,妇女抬头的机会已到,夫权便一天一天地动摇起来。总而言之,所有一切封建的宗法的思想和制度,都随着农民权力的升涨而动摇。但是现在时期,农民的精力集中于破坏地主的政治权力这一点。要是地主的政治权力破坏完了的地方,农民对家族神道男女关系这三点便开始进攻了。但是这种进攻,现在到底还在"开始",要完全推翻这三项,还要待农民的经济斗争全部胜利之后。因此,目前我们对农民应该领导他们极力做政治斗争,期于彻底推翻地主权力。并随即开始经济斗争,期于根本解决贫农的土地及其他经济问题。至于家族主义、迷信观念和不正确的男女关系之破坏,乃是政治斗争和经济斗争胜利以后自然而然的结果。若用过大的力量生硬地勉强地从事这些东西的破坏,那就必被土豪劣绅借为口实,提出"农民协会不孝祖宗"、"农民协会欺神灭道"、"农民协会主张共妻"等反革命宣传口号,来破坏农民运动。湖南的湘乡、湖北的阳新,最近都发生地主利用了农民反对打菩萨的事,就是明证。菩萨是农民立起来的,到了一定时期农民会用他们自己的双手丢开这些菩萨,无须旁人过早地代庖丢菩萨。共产党对于这些东西的宣传政策应当是:"引而不发,跃如也。"菩萨要农民自己去丢,烈女祠、节孝坊要农民自己去摧毁,别人代庖是不对的。

我在乡里也曾向农民宣传破除迷信。我的话是：

"信八字望走好运,信风水望坟山贯气。今年几个月光景,土豪劣绅贪官污吏一齐倒台了。难道这几个月以前土豪劣绅贪官污吏还大家走好运,大家坟山都贯气,这几个月忽然大家走坏运,坟山也一齐不贯气了吗？土豪劣绅形容你们农会的话是：'巧得很啰,如今是委员世界呀,你看,屙尿都碰了委员。'的确不错,城里、乡里、工会、农会、国民党、共产党无一不有执行委员,确实是委员世界。但这也是八字坟山出的吗？巧得很！乡下穷光蛋八字忽然都好了！坟山也忽然都贯气了！神明吗？那是很可敬的。但是不要农民会,只要关圣帝君、观音大士,能够打倒土豪劣绅吗？那些帝君、大士们也可怜,敬了几百年,一个土豪劣绅不曾替你们打倒！现在你们想减租,我请问你们有什么法子,信神呀,还是信农民会？"

我这些话,说得农民都笑起来。

第八件　普及政治宣传

开一万个法政学校,能不能在这样短时间内普及政治教育于穷乡僻壤的男女老少,像现在农会所做的政治教育一样呢？我想不能吧。打倒帝国主义,打倒军阀,打倒贪官污吏,打倒土豪劣绅,这几个政治口号,真是不翼而飞,飞到无数乡村的青年壮年老头子小孩子妇女们的面前,一直钻进他们的脑子里去,又从他们的脑子里流到了他们的嘴上。比如有一群小孩子在那里玩吧,如果你看见一个小孩子对着另一个小孩子鼓眼蹬脚扬手动气时,你就立刻可以听到一种尖锐的声音,那便是："打倒帝国主义！"

湘潭一带的小孩子看牛时打起架来,一个做唐生智,一个做叶开鑫,一会儿一个打败了,一个跟着追,那追的就是唐生智,被追的就是叶开鑫。"打倒列强……"这个歌,街上的小孩子固然几乎人人晓得唱了,就是乡下的小孩子也有很多晓得唱了的。

孙中山先生的那篇遗嘱,乡下农民也有些晓得念了。他们从那篇遗嘱里取出了"自由"、"平等"、"三民主义"、"不平等条约"这些名词,颇生硬地应用在他们的生活上。一个绅士模样的人在路上碰了一个农民,那绅士摆格不肯让路,那农民便愤然说:"土豪劣绅!晓得三民主义吗?"长沙近郊菜园农民进城卖菜,老被警察欺负。现在,农民可找到武器了,这武器就是三民主义。当警察打骂卖菜农民时,农民便立即抬出三民主义以相抵制,警察没有话说。湘潭一个区的农民协会,为了一件事和一个乡农民协会不和,那乡农民协会的委员长便宣言:"反对区农民协会的不平等条约!"

政治宣传的普及乡村,全是共产党和农民协会的功绩。很简单的一些标语、图画和讲演,使得农民如同每个都进过一下子政治学校一样,收效非常之广而速。据农村工作同志的报告,政治宣传在反英示威、十月革命纪念和北伐胜利总庆祝这三次大的群众集会时做得很普遍。在这些集会里,有农会的地方普遍地举行了政治宣传,引动了整个农村,效力很大。今后值得注意的,就是要利用各种机会,把上述那些简单的口号,内容渐渐充实,意义渐渐明了起来。

第九件　农民诸禁

共产党领导农会在乡下树立了威权,农民便把他们所不喜欢的事禁止或限制起来。最禁得严的便是牌、赌、鸦片这三件。

牌:农会势盛地方,麻雀、骨牌、纸叶子,一概禁绝。

湘乡十四都地方一个区农会,曾烧了一担麻雀牌。

跑到乡间去,什么牌都没有打,犯禁的即刻处罚,一点客气也没有。

赌:从前的"赌痞",现在自己在那里禁赌了,农会势盛地方,和牌一样弊绝风清。

鸦片:禁得非常之严。农会下命令缴烟枪,不敢稍违抗不缴。醴陵一个劣绅不缴烟枪,被捉去游乡。

农民这个"缴枪运动",其声势不弱于北伐军对吴佩孚、孙传芳军队的缴枪。好些革命军军官家里的年尊老太爷,烟瘾极重,靠一杆"枪"救命的,都被"万岁"(劣绅讥诮农民之称)们缴了去。"万岁"们不仅禁种禁吃,还要禁运。由贵州经宝庆、湘乡、攸县、醴陵到江西去的鸦片,被拦截焚烧不少。这一来,和政府的财政发生了冲突。结果,还是省农会为了顾全北伐军饷,命令下级农会"暂缓禁运"。但农民在那里愤愤不乐。

三者以外，农民禁止或限制的东西还有很多，略举之则有：

花鼓。一种小戏，许多地方禁止演唱。

轿子。许多县有打轿子的事，湘乡特甚。农民最恨那些坐轿子的，总想打，但农会禁止他们。办农会的人对农民说："你们打轿子，反倒替阔人省了钱，轿工要失业，岂非害了自己？"农民们想清了，出了新法子，就是大涨轿工价，以此惩富人。

煮酒熬糖。普遍禁止用谷米煮酒熬糖，糟行糖行叫苦不迭。衡山福田铺地方，不禁止煮酒，但限定酒价于一极小数目，酒店无钱赚，只好不煮了。

猪。限制每家喂猪的数目，因为猪吃去谷米。

鸡鸭。湘乡禁喂鸡鸭，但妇女们反对。衡山洋塘地方限制每家只准喂三个，福田铺地方只准喂五个。好些地方完全禁止喂鸭，因为鸭比鸡更无用，它不仅吃掉谷，而且搓死禾。

酒席。丰盛酒席普遍地被禁止。湘潭韶山地方议决客来吃三牲，即只吃鸡鱼猪。笋子、海带、南粉都禁止吃。衡山则议决吃八碗，不准多一碗。醴陵东三区只准吃五碗，北二区只准吃三荤三素，西三区禁止请春客。湘乡禁止"蛋糕席"——一种并不丰盛的席面。湘乡二都有一家讨媳妇，用了蛋糕席，农民以他不服从禁令，一群人涌进去，搅得稀烂。湘乡的嘉谟镇实行不吃好饮食，用果品祭祖。

牛。这是农民的宝贝。"杀牛的来生变牛"，简直成了宗教，故牛是杀不得的。农民没有权力时，只能用宗教观念反对杀牛，没有实力去禁止。农会起来后，权力管到牛身上去了，禁止城里杀牛。湘潭城内从前有六家牛肉店，现在倒了五家，剩下一家是杀病牛和废牛的。衡山全县禁绝了杀牛。一个农民他有一头牛跌脱了脚，问过农会，才敢杀。株洲商会冒失地杀了一头牛，农民上街问罪，罚钱而外，放爆竹赔礼。

游民生活。如打春、赞土地、打莲花落，醴陵议决禁止。各县有禁止的，有自然消灭没人干这些事的。有一种"强告化"又叫"流民"者，平素非常之凶,现在亦只得屈服于农会之下。湘潭韶山地方有个雨神庙,素聚流民,谁也不怕,农会起来,悄悄地走了。同地湖堤乡农会,捉了三个流民挑土烧窑。拜年陋俗,议决禁止。

此外各地的小禁令还很多,如醴陵禁傩神游香,禁买南货斋果送情,禁中元烧衣包,禁新春贴瑞签。湘乡的谷水地方水烟也禁了。二都禁放鞭炮和三眼铳,放鞭炮的罚洋一元二角,放铳的罚洋二元四角。七都和二十都禁做道场。十八都禁送奠仪。诸如此类,不胜枚举,统名之曰农民诸禁。

这些禁令中,包含两个重要意义:第一是对于社会恶习之反抗,如禁牌赌鸦片等。这些东西是跟了地主阶级恶劣政治环境来的,地主权力既倒,这些东西也跟着扫光。第二是对于城市商人剥削之自卫,如禁吃酒席,禁买南货斋果送情等等。因为工业品特贵,农产品特贱,农民极为贫困,受商人剥削厉害,不得不提倡节俭,借以自卫。至于前述之农民阻谷出境,是因为贫农自己粮食不够吃,还要向市上买,所以不许粮价高涨。这都是农民贫困和城乡矛盾的缘故,并非农民拒绝工业品和城乡贸易,实行所谓东方文化主义。农民为了经济自卫,必须组织合作社,实行共同买货和消费。还须政府予以援助,使农民协会能组织信用(放款)合作社。如此,农民自然不必以阻谷为限制食粮价格的方法,也不会以拒绝某些工业品入乡为经济自卫的方法了。

第十件 清 匪

从禹汤文武起吧,一直到清朝皇帝,民国总统,我想没有哪一个朝代的统治者有现在农民协会这样肃清盗匪的威力。什么盗匪,在农会势盛地方,连影子都不见了。巧得很,许多地方,连偷小菜的小偷都没有了。有些地方,还有小偷。至于土匪,则我所走过的各县全然绝了迹,哪怕从前是出土匪很多的地方。原因:一是农会会员漫山遍野,梭镖短棍一呼百应,土匪无处藏踪。二是农民运动起后,谷子价廉,去春每担六元的,去冬只二元,民食问题不如从前那样严重。三是会党加入了农会,在农会里公开地合法地逞英雄,吐怨气,"山、堂、香、水"的秘密组织,没有存在的必要了。杀猪宰羊,重捐重罚,对压迫他们的土豪劣绅阶级出气也出够了。四是各军大招兵,"不逞之徒"去了许多。因此,农运一起,匪患告绝。对于这一点,绅富方面也同情于农会。他们的议论是:"农民协会吗?讲良心话,也有一点点好处。"

对于禁牌、赌、鸦片和清匪,农民协会是博得一般人的同情的。

第十一件 废 苛 捐

全国未统一,帝国主义军阀势力未推翻,农民对政府税捐的繁重负担,质言之,即革命军的军费负担,还是没有法子解除的。但是土豪劣绅把持乡政时加于农民的苛捐如亩捐等,却因农民运动的兴起、土豪劣绅的倒塌而取消,至少也减轻了。这也要算是农民协会的功绩之一。

第十二件 文 化 运 动

中国历来只是地主有文化,农民没有文化。可是地主的文化是由农民造成的,因为造成地主文化的东西,不是别的,正是从农民身上掠取的血汗。中国有百分之九十未受文化教育的人民,这个里面,最大多数是农民。农村里地主势力一倒,农民的文化运动便开始了。试看农民一向痛恶学校,如今却在努力办夜学。"洋学堂",农民是一向看不惯的。我从前做学生时,回乡看见农民反对"洋学堂",也和一般"洋学生"、"洋教习"一鼻孔出气,站在洋学堂的利益上面,总觉得农民未免有些不对。民国十四年在乡下住了半年,这时我是一个共产党员,有了马克思主义的观点,方才明白我是错了,农民的道理是对的。乡村小学校的教材,完全说些城里的东西,不合农村的需要。小学教师对待农民的态度又非常之不好,不但不是农民的帮助者,反而变成了农民所讨厌的人。故农民宁欢迎私塾(他们叫"汉学"),不欢迎学校(他们叫"洋学"),宁欢迎私塾老师,不欢迎小学教师。如今他们却大办其夜学,名之曰农民学校。有些已经举办,有些正在筹备,平均每乡有一所。他们非常热心开办这种学校,认为这样的学校才是他们自己的。夜学经费,提取迷信公款、祠堂公款及其他闲公闲产。这些公款,县教育局要提了办国民学校即是那不合农民需要的"洋学堂",农民要提了办农民学校,争议结果,各得若干,有些地方是农民全得了。农民运动发展的结果,农民的文化程度迅速地提高了。不久的时间内,全省当有几万所学校在乡村中涌出来,不若知识阶级和所谓"教育家"者流,空唤"普及教育",唤来唤去还是一句废话。

第十三件　合作社运动

合作社,特别是消费、贩卖、信用三种合作社,确是农民所需要的。他们买进货物要受商人的剥削,卖出农产要受商人的勒抑,钱米借贷要受重利盘剥者的剥削,他们很迫切地要解决这三个问题。去冬长江打仗,商旅路断,湖南盐贵,农民为盐的需要组织合作社的很多。地主"卡借",农民因借钱而企图组织"借贷所"的,亦所在多有。大问题,就是详细的正规的组织法没有。各地农民自动组织的,往往不合合作社的原则,因此做农民工作的同志,总是殷勤地问"章程"。假如有适当的指导,合作社运动可以随农会的发展而发展到各地。

第十四件　修道路,修塘坝

这也是农会的一件功绩。没有农会以前,乡村的道路非常之坏。无钱不能修路,有钱的人不肯拿出来,只好让它坏。略有修理,也当作慈善事业,从那些"肯积阴功"的人家化募几个,修出些又狭又薄的路。农会起来了,把命令发出去,三尺、五尺、七尺、一丈,按照路径所宜,分等定出宽狭,勒令沿路地主,各修一段。号令一出,谁敢不依?不久时间,许多好走的路都出来了。这却并非慈善事业,乃是出于强迫,但是这一点子强迫实在强迫得还可以。塘坝也是一样。无情的地主总是要从佃农身上取得东西,却不肯花几个大钱修理塘坝,让塘干旱,饿死佃农,他们却只知收租。有了农会,可以不客气地发命令强迫地主修塘坝了。地主不修时,农会却很和气地对地主说道:"好!你们不修,你们出谷吧,斗谷一工!"地主为斗谷一工划不来,赶快自己修。因此,许多不好的塘坝变成了好塘坝。

总上十四件事,都是农民在农会领导之下做出来的。就其基本的精神说来,就其革命意义说来,请读者们想一想,哪一件不好?说这些事不好的,我想，只有土豪劣绅们吧！很奇怪，南昌方面传来消息，说蒋介石、张静江诸位先生的意见，颇不以湖南农民的举动为然。湖南的右派领袖刘岳峙辈，与蒋、张诸公一个意见，都说："这简直是赤化了！"我想，这一点子赤化若没有时，还成个什么国民革命！嘴里天天说"唤起民众"，民众起来了又害怕得要死，这和叶公好龙有什么两样！

三、《反对党八股》①（节选）

（一九四二年二月八日）

现在来分析一下党八股的坏处在什么地方。我们也仿照八股文章的笔法来一个"八股"，以毒攻毒，就叫做八大罪状吧。

党八股的第一条罪状是：空话连篇，言之无物。我们有些同志欢喜写长文章，但是没有什么内容，真是"懒婆娘的裹脚，又长又臭"。为什么一定要写得那么长，又那么空空洞洞的呢？只有一种解释，就是下决心不要群众看。因为长而且空，群众见了就摇头，哪里还肯看下去呢？只好去欺负幼稚的人，在他们中间散布坏影响，造成坏习惯。去年六月二十二日，苏联进行那么大的反侵略战争，斯大林在七月三日发表了一篇演说，还只有我们《解放日报》一篇社论那样长。要是我们的老爷写起来，那就不得了，起码得有几万字。现在是在战争的时期，我们应该研究一下文章怎样写得短些，写得精粹些。延安虽然还没有战争，但军队天天在前方打仗，后方也唤工作忙，文章太长了，有谁来看呢？有些同志在前方也喜欢写长报告。他们辛辛苦苦地写了，送来了，其目的是要我们看的。可是怎么敢看呢？长而空不好，短而空就好吗？也不好。我们应当禁绝一切空话。但是主要的和首先的任务，是把那些又长又臭的懒婆娘的裹脚，赶快扔到垃圾桶里去。或者有人要说：《资本论》不是很长的吗？那又怎么办？这是好办的，看下去就是了。俗话说："到什么山上唱什么歌。"又说："看菜吃饭，量体裁衣。"我们无论做什么事都要看情形办理，文章和演说也是这样。我们反对的是空话连篇言之无物的八股调，不是说任何东西都以短为好。战争时期固然需要短文章，但

---

① 《毛泽东选集》，北京：人民出版社，1991年第二版，第三卷，第833－845页。

尤其需要有内容的文章。最不应该、最要反对的是言之无物的文章。演说也是一样,空话连篇言之无物的演说,是必须停止的。

……

党八股的第四条罪状是:语言无味,像个瘪三。上海人叫小瘪三的那批角色,也很像我们的党八股,干瘪得很,样子十分难看。如果一篇文章,一个演说,颠来倒去,总是那几个名词,一套"学生腔",没有一点生动活泼的语言,这岂不是语言无味,面目可憎,像个瘪三吗?一个人七岁入小学,十几岁入中学,二十多岁在大学毕业,没有和人民群众接触过,语言不丰富,单纯得很,那是难怪的。但我们是革命党,是为群众办事的,如果也不学群众的语言,那就办不好。现在我们有许多做宣传工作的同志,也不学语言。他们的宣传,乏味得很;他们的文章,就没有多少人欢喜看;他们的演说,也没有多少人欢喜听。为什么语言要学,并且要用很大的气力去学呢?因为语言这东西,不是随便可以学好的,非下苦功不可。第一,要向人民群众学习语言。人民的语汇是很丰富的,生动活泼的,表现实际生活的。我们很多人没有学好语言,所以我们在写文章做演说时没有几句生动活泼切实有力的话,只有死板板的几条筋,像瘪三一样,瘦得难看,不像一个健康的人。第二,要从外国语言中吸收我们所需要的成分。我们不是硬搬或滥用外国语言,是要吸收外国语言中的好东西,于我们适用的东西。因为中国原有语汇不够用,现在我们的语汇中就有很多是从外国吸收来的。例如今天开的干部大会,这"干部"两个字,就是从外国学来的。我们还要多多吸收外国的新鲜东西,不但要吸收他们的进步道理,而且要吸收他们的新鲜用语。第三,我们还要学习古人语言中有生命的东西。由于我们没有努力学习语言,古人语言中的许多还有生气的东西我们就没有充分地合理地利用。当然我们坚决反对去用已经死了的语汇和典故,这是确定了的,但是好的仍然有用的东西还是应该继承。现在中党八股毒太深的人,对于民间的、外国的、古人的语言中有用东西,不肯下苦功去学,因此,群众就不欢迎他们枯燥无味的宣传,我们也不需要这样蹩脚的不中用的宣传家。什么是宣传家?不但教员是宣传家,新闻记者是宣传家,文艺作者是宣传家,我们的一切工作干部也都是宣传家。比如军事指挥员,他们并不对外发宣言,但是他们要和士兵讲话,要和人民接洽,这不是宣传是什么?一个人只要他对别人讲话,他就是在做宣传工作。只要他不是哑巴,他就总有几句话要讲的。所以我们的同志都非学习语言不可。

……

不但文章里演说里有党八股,开会也有的。"一开会,二报告,三讨论,四结论,五散会"。假使每处每回无大无小都要按照这个死板的程序,不也就是党八股吗?在会场上做起"报告"来,则常常就是"一国际,二国内,三边区,四本部",会是常常从早上开到晚上,没有话讲的人也要讲一顿,不讲好像对人不起。总之,不看实际情形,死守着呆板的旧形式、旧习惯,这种现象,不是也应该加以改革吗?

……

第三篇,是从《鲁迅全集》里选出的,是鲁迅复北斗杂志社讨论怎样写文章的一封信。他说些什么呢?他一共列举了八条写文章的规则,我现在抽出几条来说一说。

第一条:"留心各样的事情,多看看,不看到一点就写。"讲的是"留心各样的事情",不是一样半样的事情。讲的是"多看看",不是只看一眼半眼。我们怎么样?不是恰恰和他相反,只看到一点就写吗?

第二条:"写不出的时候不硬写。"

我们怎么样?不是明明脑子里没有什么东西硬要大写特写吗?不调查,不研究,提起笔来"硬写",这就是不负责任的态度。

第四条:"写完后至少看两遍,竭力将可有可无的字、句、段删去,毫不可惜。宁可将可作小说的材料缩成速写,决不将速写材料拉成小说。"

孔夫子提倡"再思",韩愈也说"行成于思",那是古代的事情。现在的事情,问题很复杂,有些事情甚至想三四回还不够。鲁迅说"至少看两遍",至多呢?他没有说,我看重要的文章不妨看它十多遍,认真地加以删改,然后发表。文章是客观事物的反映，而事物是曲折复杂的，必须反复研究，才能反映恰当；在这里粗心大意，就是不懂得做文章的起码知识。

第六条："不生造除自己之外，谁也不懂的形容词之类。"

我们"生造"的东西太多了，总之是"谁也不懂"。句法有长到四五十个字一句的，其中堆满了"谁也不懂的形容词之类"。许多口口声声拥护鲁迅的人们，却正是违背鲁迅的啊！

最后一篇文章，是中国共产党六届六中全会论宣传的民族化。六届六中全会是一九三八年开的，我们那时曾说："离开中国特点来谈马克思主义，只是抽象的空洞的马克思主义。"这就是说，必须反对空谈马克思主义；在中国生活的共产党员，必须联系中国的革命实际来研究马克思主义。

"洋八股必须废止，空洞抽象的调头必须少唱，教条主义必须休息，而代之以新鲜活泼的、为中国老百姓所喜闻乐见的中国作风和中国气派。把国际主义的内容和民族形式分离起来，是一点也不懂国际主义的人们的做法，我们则要把二者紧密地结合起来。在这个问题上，我们队伍中存在着的一些严重的错误，是应该认真地克服的。"

这里叫洋八股废止，有些同志却实际上还在提倡。这里叫空洞抽象的调头少唱，有些同志却硬要多唱。这里叫教条主义休息，有些同志却叫它起床。总之，有许多人把六中全会通过的报告当做耳边风，好像是故意和它作对似的。

中央现在做了决定，一定要把党八股和教条主义等类，彻底抛弃，所以我来讲了许多。希望同志们把我所讲的加以考虑，加以分析，同时也分析各人自己的情况。每个人应该把自己好好地想一想，并且把自己想清楚了的东西，跟知心的朋友们商量一下，跟周围的同志们商量一下，把自己的毛病切实改掉。

后　　记

几年前,笔者与时任原解放军理工大学理学院副政委王辉东同志曾两度在两个班次与学生交流公文写作体会。虽然时过境迁,但这种公文教学思路对学生的影响、对教师的启发至今仍有重要意义。征得其本人同意,我们对当年的交流提纲进行整理,进一步充实完善内容,形成此书,以飨读者。

关于公文写作的书,市面上比较多,谈公文写作技巧与经验的也不少,之所以不揣鄙陋、敝帚自珍,主要是考虑到我们对世间万物的认知,终究是"横看成岭侧成峰,远近高低各不同""仁者见仁,智者见智",公文写作同样如此。这些写作与教学的总结,尽管只是些许体会,可能会给从事文字工作的人们一些借鉴。正所谓"太阳底下没有新鲜事",但老生常谈却又不得不谈,把自己的经验教训写出来,也会对初入职场的年轻人或已经有过实践想要提高的人们有些帮助,使他们能少走一些弯路,掌握一些方法和技巧,更快更好地写文章,成就事业,走向成功。

本书的写作与出版得到了各级领导、专家以及同仁们的支持,汪泽焱、潘炜同志提供了很多指导和帮助,感谢同事李延标和施琴两位教授的热心帮助。本书的出版还得到了东南大学出版社的大力帮助,感谢老师们的辛苦编辑,在此谨致以诚挚的谢意。

本书的写作对我们来说是教学之余的一个尝试,深感很多同行的公文写作著作体大思精,我们的这本只是个人浅显的经验总结,因为自身水平有限,一家之言,思虑不精,不成体系,尽管下了一定功夫,但仍还有很多纰漏。加上时间仓促,不足和谬误之处难免,敬请读者诸君批评指正。

作者
2022 年 8 月 20 日